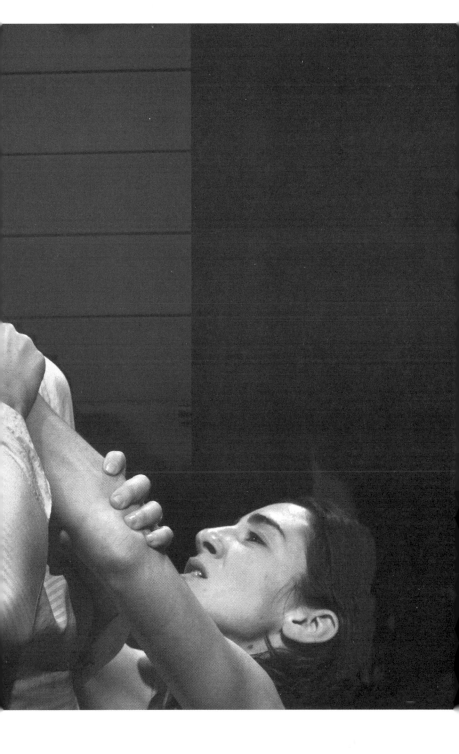

LOS CUENTOS
DE LA PESTE

LOS CUENTOS DE LA PESTE

MARIO VARGAS LLOSA

Fotografías de Ros Ribas

ALFAGUARA

Los cuentos de la peste

Primera edición en México: febrero de 2015

D. R. © 2015, Mario Vargas Llosa

D. R. © 2015, de la edición española:
    Penguin Random House Grupo Editorial, S. A. U.
    Travessera de Gràcia, 47-49. 08021 Barcelona

D. R. © 2015, Ros Ribas, por las fotografías de cubierta e interior

Las fotografías incluidas en este libro fueron tomadas durante
los ensayos de la obra en diciembre de 2014

D. R. © 2015, derechos de edición mundiales en lengua castellana:
    Penguin Random House Grupo Editorial S. A. de C. V.
    Blvd. Miguel de Cervantes Saavedra núm. 301, 1er piso,
    colonia Granada, delegación Miguel Hidalgo, C. P. 11520,
    México, D. F.

www.megustaleer.com.mx

Comentarios sobre la edición y el contenido de este libro a:
megustaleer@penguinrandomhouse.com

ISBN 978-607-113-650-3

Impreso en México / *Printed in Mexico*

Índice

A Natalio Grueso, que resucitó mi teatro

BOCCACCIO EN ESCENA

I

Desde la primera vez que leí el *Decamerón,* en mi juventud, pensé que la situación inicial que presenta el libro, antes de que comiencen los cuentos, es esencialmente teatral: atrapados en una ciudad atacada por la peste de la que no pueden huir, un grupo de jóvenes se las arregla sin embargo para fugar hacia lo imaginario, recluyéndose en una quinta a contar cuentos. Enfrentados a una realidad intolerable, siete muchachas y tres varones consiguen escapar de ella mediante la fantasía, transportándose a un mundo hecho de historias que se cuentan unos a otros y que los llevan de esa lastimosa realidad a otra, de palabras y sueños, donde quedan inmunizados contra la pestilencia.

¿No es esta situación el símbolo mismo de la razón de ser de la literatura? ¿No vivimos los seres humanos desde la noche de los tiempos inventando historias para combatir de este modo, inconscientemente muchas veces, una realidad que nos agobia y resulta insuficiente para colmar nuestros deseos?

La circunstancia que sirve de marco a los cuentos del *Decamerón* no puede expresar mejor la naturaleza de lo teatral: representar en un escenario algo que, mientras dura, es vida que reemplaza a la vida real, a la vez que la refleja con sus carencias y añadida de lo que nuestras necesidades y urgencias quisieran que tuviera para colmarnos y hacernos gozar de ella a plenitud.

Desde entonces la idea de una obra de teatro inspirada en el *Decamerón* ha figurado entre esos proyectos que suelen acompañarme, yéndose y regresando con el paso de los años, hasta que un día, por fin, decido tratar de materializarlos.

El tiempo que me ha tomado escribir esta pieza ha sido uno de los más estimulantes que he vivido, gracias a Giovanni Boccaccio. Leerlo, releerlo, tratar de reconstruir mediante la lectura y visitas a lugares del mundo en que vivió y escribió ha sido una empresa gozosa. En la Florencia del otoño de la Edad Media apuntaban ya las primeras luces del Renacimiento. Dante, Boccaccio y Petrarca, los tres astros literarios de ese tránsito, son fuentes nutricias de lo mejor que ha producido la cultura occidental; con ellos nacieron formas, modelos, ideas y valores estéticos que han perdurado hasta nuestros días e irradiado por el mundo entero.

Giovanni Boccaccio estaba en Florencia cuando la peste negra invadió la ciudad, en marzo de 1348. La epidemia procedía al parecer del sur de Italia, adonde había llegado traída por los barcos que venían con especias del Lejano Oriente. Las ratas la arrastraron hasta la Toscana. El escritor y poeta tenía unos treinta y cinco años. Sin aquella terrible experiencia —se dice que la pestilencia acabó con la tercera parte de los ciento veinte mil habitantes de Florencia— no hubiera escrito el *Decamerón,* obra maestra absoluta, pilar de la prosa narrativa occidental, y probablemente hubiera seguido siendo, como hasta entonces, un escritor intelectual y de elite, que prefería el latín a la lengua vernácula y estaba más preocupado por disquisiciones teológicas, clásicas y eruditas que por una genuina creación literaria al alcance del gran público. La experiencia de la peste bubónica hizo de él otro hombre y fue decisiva para que naciera el gran narrador cuyos cuentos celebrarían incontables lectores a lo largo de los siglos en todos los rincones del mundo. En cierto sentido, la peste —la cercanía de una muerte atroz— lo humanizó, acercándolo a la vida de las gentes comunes, de las que hasta entonces —pertenecía a la familia de un mercader acomodado— había tenido noticia más bien distante.

La avidez de goce y placer de los diez jóvenes recluidos en Villa Palmieri nace como un antídoto del horror que provoca en ellos el espectáculo de la peste que ha convertido las calles de Florencia en un cotidiano apocalipsis, según se explica en la primera jornada. Algo semejante pasó con Boccaccio, hasta entonces un hombre más dedicado al estudio —mitología, geografía, religión, historia, los maestros latinos—, es decir, a la vida del intelecto, que a la de los sentidos. La peste —la muerte en su manifestación más cruel— lo hizo descubrir la maravilla que es la vida del cuerpo, de los instintos, del sexo, de la comida y la bebida. El *Decamerón* es el testimonio de esa conversión. No se puede decir que durase mucho. Pocos años después la pasión por el espíritu —el conocimiento y la religión— lo irá recobrando y nuevamente lo alejará de la calle, de sus contemporáneos, de lo que Montaigne llamaba la «gente del común», y lo regresará a las bibliotecas, la teología, la enciclopedia, el mundo de los clásicos. Su afición constante y creciente por la cultura griega es uno de los primeros indicios de la admiración que el humanismo renacentista profesará por el pasado helénico: su historia, su filosofía, su arte, su literatura, su teatro.

Los primeros libros de Boccaccio —*Filocolo, Filostrato, Teseida, Comedia delle ninfe fiorentine, Amorosa visione, Elegia di madonna Fiammetta, Ninfale fiesolano*— están inspirados en libros, no en la vida vivida sino leída y, escritos en latín o en vernáculo, no transmiten experiencias directas de lo vivido, sino más bien de la cultura, es decir, de la vida hecha teoría filosófica o teológica, mito literario, formas de uso social, amoroso, cortés y caballeresco convertidas en literatura. Su valor, mayor o menor, tiene un marco convencional y en buena parte derivado de modelos, entre otros la poesía de Dante. La revolución que significa el *Decamerón* —y esto es obra de la peste, brutal recordatorio que la vida del espíritu es sólo una dimensión de la vida y que hay otra, ligada no a la mente, al conocimiento, sino al cuerpo, a los deseos, a las pasiones y funciones orgánicas— es que en sus cuentos esa vida directa, material, no la de la elite, la de las ideas, sino la compartida por todos —artesanos, campesinos, mercaderes, piratas, corsarios, monjes y monjas, reyes, nobles, aventureros, etcétera—, pasa a ser protagonista, sin mediaciones teóricas de la literatura. El *Decamerón* inicia el realismo en la literatura europea y por todo lo alto. Ésta es una de las razones de su extraordinaria popularidad, como lo será, siglos después, la del *Quijote.*

El *Decamerón* circuló desde el principio en copias manuscritas y alcanzó enorme prestigio y difusión; su primera edición impresa apareció casi siglo y medio más tarde, en Venecia, en 1492, el año del descubrimiento de América, y se dice que la reina Isabel la Católica fue una de sus lectoras más entusiastas.

Sin aquella experiencia de 1348 nunca hubiera podido escribir Boccaccio esa magistral primera jornada con que se inicia el *Decamerón,* describiendo los estragos que causó la peste, el panorama terrorífico de una ciudad donde se amontonan los cadáveres porque no hay tiempo para dar cristiana sepultura a todos quienes caen abatidos por la implacable mortandad que se manifiesta con tumores en las ingles y los sobacos, fiebre alta y violentas convulsiones. Curiosamente, luego de esas alucinantes y macabras páginas iniciales habitadas por la enfermedad y la muerte, la peste desaparece del libro. Casi no vuelve a asomar en aquellos cien cuentos (hace apenas unas apariciones furtivas de pocas líneas), como si hubiera sido abolida mediante el exorcismo que lleva a esas siete chicas y tres muchachos a contar únicamente historias que exaltan el placer, la picardía y la diversión (aunque los obtengan a veces mediante el delito o la crueldad). Lo cierto es que, salvo las páginas de ese pórtico protagonizado por la peste, en el resto del libro prevalece un espíritu regocijado, irreverente, licencioso, burlón, que entiende la vida como una aventura cuyo fin primordial es el goce sexual y el entretenimiento del hombre y, en ciertas circunstancias, también de la mujer.

Contar cuentos, en el *Decamerón,* no es una actividad espontánea, librada a la iniciativa de cada uno de los contadores, sino un ritual ceñido a un riguroso protocolo. Hay una reina o un rey, pasajero —pues lo son por un solo día—, pero, durante su reinado, su autoridad es real: nadie le disputa el poder y es obedecido sin reticencias por su pequeña corte. Él determina las diversiones y fija el orden en que se van sucediendo los contadores. Las sesiones de cuentos tienen lugar en la tarde —la hora nona— y se llevan a cabo sólo cinco días por semana, con exclusión del viernes, por razones litúrgicas, y del sábado, para respetar el día de descanso bíblico. Antes de iniciarlas los diez jóvenes pasean por los jardines de Villa Palmieri, gozan de los aromas de las flores y el canto de los pájaros, comen, beben, cantan y danzan, preparando el cuerpo y el espíritu para la inmersión en lo imaginario, el mundo de la ficción.

Los cuentos comienzan con un exordio, generalmente breve, de carácter filosófico y abstracto, pero luego, con pocas excepciones, se ajustan a un sistema cuya primera y más notoria característica es el realismo: casi todos ellos fingen una realidad reconocible a través de lo vivido en lugar de fingir una irrealidad como hacen los relatos fantásticos. (Los hay de índole fantástica, pero son apenas un puñado.) Los personajes de los cuentos, cultos o primitivos, ricos o pobres, nobles o plebeyos, viven toda clase de aventuras, y todos buscan —logrando casi siempre su objetivo— el placer carnal en primer lugar, y, en segundo, el crematístico. El *Decamerón* es un monumento al hedonismo. Gozar, en sentido más material que espiritual, es el objetivo por excelencia de sus personajes, hombres y mujeres. A ello se entregan con alegría, sin prejuicios, rompiendo tabúes y prohibiciones morales o religiosas, sin el más mínimo temor a las convenciones ni al qué dirán. La sensualidad, el cuerpo, los apetitos son objetos de exaltación y culto por la humanidad del *Decamerón.* Se diría que la cercanía de la peste —la muerte inminente— permite a esos contadores de cuentos una libertad de palabra y de invención que de otro modo jamás se hubieran permitido. Y, asimismo, la ruptura de todos los frenos morales para la realización de sus deseos. En esa búsqueda afanosa y casi desesperada del placer, los personajes del *Decamerón* suelen salirse con la suya, como recompensados por un orden secreto que concede a la satisfacción de los apetitos un valor ontológico: la justificación de la vida.

Boccaccio cuenta en la primera jornada del *Decamerón* que uno de los efectos de la peste fue el desplome de la moral que reinaba en Florencia y que los florentinos se entregaron en esos días de pestilencia y mortandad a la impudicia y la fornicación, transgrediendo normas, formas y conductas que hasta entonces sujetaban las relaciones sexuales dentro de ciertos límites.

En el caso de los diez jóvenes que se encierran en Villa Palmieri esos desafueros sexuales son puramente verbales, ocurren sólo en los cuentos que refieren, en tanto que en esos diez días (que, en verdad, son catorce) su conducta no puede ser más juiciosa y contenida, pese a que el narrador del *Decamerón* dice al principio que los tres varones estaban enamorados de tres de las muchachas, aunque sin identificarlas. Cantan, danzan, comen y beben, sí, pero luego se van a sus alcobas y no hay entre ellos la más mínima licencia sexual. Ninguno hace el amor ni celebra el menor escarceo amoroso. Los excesos ocurren en los cuentos, son atributos exclusivos de la ficción.

¿Han huido de Florencia sólo para ahorrarse el espectáculo de los enfermos y los cadáveres? La inspirada Pampinea, la de la idea del retiro a Villa Palmieri, dice una frase que revela una intención más ambiciosa que alejarse de la ciudad sólo para distraerse. Se refiere a aquella huida como a una redención, una iniciativa que salvaría al grupo de la muerte: «¿Cuánto más no será honrado el que [...] pongamos los remedios que podamos para la conservación de nuestra existencia?».

Pampinea piensa que la ficción es mucho más que un divertimento: una posible vacuna contra los estragos de la epidemia. De esta reflexión de la avispada muchacha nace en *Los cuentos de la peste* la idea atribuida a Giovanni Boccaccio de que contando cuentos se puede tramar un laberinto donde la peste se extravíe y no alcance a los cuentistas.

En el *Decamerón,* el placer, valor supremo, justifica las peores mentiras y embustes, como lo muestra —un ejemplo entre decenas— el maravilloso cuento de Ricardo Minutolo (el sexto del tercer día) quien, para poseer a Catella, la mujer de Felipe Sighinolfo, le hace creer perversamente que su marido la engaña con su propia esposa. El cínico razonamiento convence a Catella, quien, a partir de entonces, hace suya la misma moral de su seductor.

Cinismo, irreverencia y picardía, sazonados por un humor grueso, constituyen la moral de casi todos los cuentos. Todo vale para lograr el placer, sobre todo cuando se trata de conseguir a la mujer deseada (y, a veces, al hombre deseado). Las mujeres se rinden con facilidad a estas tentaciones por poder, dinero y también por el mero deseo. Por ejemplo, en la relación del libidinoso abate y la mujer de Ferondo (octava historia del tercer día) ésta se deja seducir por las joyas que aquél le promete, además de disfrutar de un poco de libertad mientras el abate fornicario hace creer al granjero que ha muerto y está en el Purgatorio. Pero hay también algunas excepciones, de mujeres heroicas que defienden su virtud hasta extremos indecibles, como la Griselda de la última historia, que soporta sin quejarse todas las espantosas pruebas a que la somete Gualtieri, su marido, para medir su lealtad y capacidad de sacrificio (o, tal vez, sólo para divertirse).

Esta Griselda es en cierto modo una excepción, porque, en lo que se refiere al deseo, en el mundo del *Decamerón* hay igualdad de sexos. Las mujeres, como los hombres, lo sienten y actúan sin reparos a fin de satisfacerlo. Por ejemplo, en la décima historia del segundo día, la mujer del juez Ricardo de Chinzica, raptada por el corsario Paganino, se niega a ser rescatada por su marido porque —se lo dice al juez en su cara— éste no le hace nunca el amor y en cambio el pirata sí, con frecuencia. Esto no significa, desde luego, que el hombre y la mujer sean siempre absolutamente iguales. El mensaje del libro al respecto es contradictorio. En el noveno cuento del noveno día, el rey Salomón aconseja al joven Giosefo, que ha ido a consultarle qué debe hacer para que su arisca mujer le obedezca, que imite lo que verá en el puente de la Oca. Y lo que Giosefo ve allí es a un mulero moler a palos a una de sus mulas por negarse a cruzar el puente. Giosefo hace lo propio y, luego de ser molida a palos, su mujer se vuelve sumisa y querendona. Sin embargo, en el conjunto de los cuentos, la mujer está lejos de ser alguien sometido siempre a los caprichos y abusos del varón. En la mayoría de ellos ocurre lo contrario. La mujer aparece como un ser libre, lleno de iniciativas y, al igual que el varón, se vale de su astucia para obtener su placer engañando a su marido. Los cuentos celebran estas victorias de las mujeres que actúan con la misma audacia, imprudencia y temeridad que los hombres muestran a fin de engañar a sus mujeres. La capacidad para estas estratagemas es ilimitada tanto en las hembras como en los varones y si, en aquella historia, Giosefo maltrata a su cónyuge para domarla, en otras muchas los hombres quedan engañados y humillados por las esposas que buscan el placer fuera de la casa conyugal. En el mundo del *Decamerón* la rutina del matrimonio apaga pronto la ilusión sexual. Los esposos gozan haciendo el amor sólo al principio de la boda. Luego, el fuego sexual se extingue y ambos buscan el placer fuera del hogar, al extremo de que en la gran mayoría de los cuentos el adulterio resulta requisito indispensable del regocijo sexual.

En el *Decamerón* no hay el menor prurito en disimular los defectos y vicios inherentes a la condición humana; por el contrario, la razón de ser de muchos cuentos es describir al hombre esclavizado por sus pasiones más bajas, sin que nada consiga atajarlas. La venganza juega un papel importante en el libro. El narrador de las historias no ejerce ningún tipo de censura ni hace el menor esfuerzo para disimular, justificar o frenar el espíritu vengativo que domina a algunos personajes. Sólo el humor cumple en algunos casos la función de atenuante de las venganzas crueles y hasta sádicas que se cometen. En la séptima historia de la octava jornada el joven Ranieri se venga con verdadera ferocidad de la viuda Elena por la contrariedad de que ha sido víctima. No es menos cruel —y ésta no es desquite alguno sino maldad gratuita— el cuento noveno del octavo día, donde el maestro Simone es maltratado con encarnizamiento por los pícaros Bruno y Buffalmacco por el único delito de ser ingenuo y crédulo. Divertirse, en el *Decamerón,* justifica la maldad. Los pícaros Bruno y Buffalmacco juegan otra mala pasada al pobre Calandrino haciéndole creer que ha quedado encinta, para arrancarle una buena comilona (cuento tercero del octavo día). Algo parecido ocurre en el cuento cuarto de la novena jornada, en el que el pícaro Fortarrigo roba y despoja al pobre Angiulieri y encima lo abandona semidesnudo en el campo haciéndose pasar por la víctima de un ladrón. De este modo, el abusivo consigue su designio y, además, se divierte y divierte a los lectores. La moraleja de estas historias es meridiana: todo vale con el fin de obtener placer sexual o ventral y pasar un rato entretenido. El engaño, la farsa, la mentira, el robo, todo es lícito si se trata de llevarse a la cama a una señora, apropiarse de dinero ajeno o gozar de copioso festín. El ser humano, siervo de sus instintos, vive para aplacarlos.

Este realismo implacable es tanto más insólito cuanto que muchos de los personajes de estos cuentos no fueron inventados por Boccaccio; se trataba de personas reales, a veces contemporáneas del autor, y las historias, según han rastreado eruditos como Vittore Branca (tomo muchos de estos datos de su *Boccaccio medieval* y de su edición crítica del *Decamerón*), parecen ser o estar basadas en hechos y situaciones que ocurrieron de verdad, a los que Boccaccio probablemente retocó y adulteró para darles más persuasión literaria pero sin preocuparse de disimular a sus protagonistas.

Esta libertad es extrema cuando se trata de criticar a los religiosos —sacerdotes, monjes y monjas—, a los que el *Decamerón* describe (al clero en general) como una fauna corrompida, sensual y voraz, reñida con cualquier forma de espiritualidad, ávida, impúdica y simoniaca, que abusa de la credulidad de los fieles para aprovecharse de ellos de la manera más inescrupulosa. Si uno piensa que ya en esta época el poder temporal de la Iglesia era enorme y tenía atributos absolutos para combatir a sus enemigos, sorprende este rasgo que se repite incontables veces en los cuentos del *Decamerón:* una crítica despiadada, que llega a veces a la caricatura, de los desafueros y vilezas que cometen por doquier los pastores de la Iglesia católica.

En este sentido es difícil imaginar dos obras más antagónicas que el *Decamerón* y la *Comedia* de Dante, de la que Boccaccio fue apasionado lector y estudioso. Él fue el primero en escribir una *Vida de Dante* y bautizó la *Comedia* con el adjetivo de «divina» que la acompañaría desde entonces. El gran poema de Dante comienza a conocerse en 1312 (el *Infierno*), el *Purgatorio* en 1315 y el *Paraíso* poco después de la muerte de su autor, en 1321. Aunque Dante puso en el *Infierno* a muchos religiosos pecadores, su obra está impregnada de religiosidad y es el *summum* literario de la concepción cristiana de la fe, del mundo, del trasmundo, defensora de la más estricta ortodoxia. En la historia de la literatura no hay un testimonio literario más ambicioso y genial inspirado por la doctrina cristiana que la *Comedia*. El *Decamerón,* en cambio, escrito apenas medio siglo después de aparecida la obra maestra de Dante, está lejos de expresar semejante identificación con la teología y la filosofía cristianas. Mantiene frente a éstas una distancia que, sin llegar a proclamarse atea, puede considerarse laica e indiferente a las preocupaciones teológicas, al igual que lo es a la política. Es verdad que las historias de Boccaccio viven bajo la autoridad espiritual del cristianismo, que nadie cuestiona, pero esta autoridad es más aparente que cierta, en todo caso retórica, desprovista de contenido espiritual, pues los personajes de las historias practican una moral que contradice radicalmente los mandamientos de la Iglesia, a los que transgreden de continuo sin el menor embarazo.

Lo cual significa que la enorme admiración que Boccaccio profesó a Dante tuvo un carácter más literario que religioso. No sabemos cuándo leyó Boccaccio la *Divina Comedia* por primera vez, pero debió de ser muy joven pues ya en su primera novela, *Filocolo,* que escribe en Nápoles hacia 1336, cuando era un apático estudiante de Derecho, rinde a Dante un gran homenaje, sobre todo a su poesía, que siempre admiró e incluso imitó. A lo largo de su vida, Boccaccio copió tres veces la *Comedia* y una vez la *Vita nuova* para contribuir a su difusión. Esta admiración fue tal vez materia de sutiles discusiones con el maestro Petrarca, a quien Boccaccio conoció el año 1350, en Florencia, adonde acababa de regresar de Rávena, y de quien sería desde entonces fiel lector y amigo. Los veinticuatro años siguientes ambos escritores mantuvieron una rica correspondencia que atestigua la profunda relación que los unió y es una fuente riquísima de informaciones sobre la historia y la cultura de su tiempo. Según Amedeo Quondam, esta amistad tuvo el carácter de permanente confrontación, porque, a diferencia de Boccaccio, que se declaró siempre discípulo fiel y admirador de Petrarca, éste se mostró sólo indulgente y a veces hasta desdeñoso de lo que su amigo escribía.

Petrarca había nacido en Arezzo, en 1304, pero desde muy joven vivió en Avignon, donde conoció a Laura, la inspiradora de centenares de sus famosos sonetos. Como Laura murió en 1348 se supone que pudo ser una de las víctimas de la peste florentina, al igual que uno de los hijos ilegítimos de Petrarca, abatido también por la epidemia. La relación con Boccaccio se estrechó cuando Petrarca, abandonando su retiro provenzal, vino a instalarse en Florencia; allí, ambos compartieron lecturas y discusiones sobre Séneca, Cicerón, Tito Livio y los Padres de la Iglesia. Años después, enterado de la ruina física y económica en que Boccaccio se hallaba, recluido en Certaldo, Petrarca, antes de morir, en Padua, le dejó en testamento cincuenta florines de oro para que se comprara un buen abrigo de invierno. No sabemos si llegó a hacerlo, pues Boccaccio murió al año siguiente (1375).

La vena laica, popular y realista del *Decamerón* fue debilitándose en los años posteriores en la obra de Boccaccio, desde que emprendió viajes oficiales con encargos administrativos dentro de Italia o a Francia. (El que debió complacerle más fue llevar de regalo diez florines de oro a sor Beatrice, la hija de Dante, recluida como monja de clausura en el monasterio Santo Stefano degli Ulivi, en Rávena.) Y, desde esa época, resucitó en él su propensión juvenil por la cultura clásica grecolatina y por la religión. Escribe entonces libros de erudición histórica, cartográfica y teológica como la *Genealogia deorum gentilium* (trabajó en él desde los años cincuenta hasta su muerte), *De casibus virorum illustrium* y *De mulieribus claris* (1361). El primero es un enciclopédico y confuso tratado mitológico y de varia invención, y los otros dos, libros moralistas y de referencia a los clásicos en prosa y verso; el último consiste en una diatriba contra las mujeres. Abandona luego el latín para retornar al vernáculo en su estudio sobre Dante: *Trattatello in laude di Dante,* hacia 1360. Ésta es una época de todavía mayor acercamiento a la Iglesia, pues en ese mismo año el papa Inocencio VI le concede las órdenes menores y los beneficios de clérigo. Se dice que fue entonces cuando tuvo la intención de quemar el *Decamerón,* arrepentido de la naturaleza libidinosa y anticlerical de los cuentos, y que Petrarca, entre otros, lo disuadió. En todo caso, ya hubiera sido imposible hacerlo desaparecer, pues las versiones manuscritas del libro circulaban por media Europa, tenían imitadores y no sólo se leían en privado sino en público, en las esquinas y tabernas, por juglares y contadores ambulantes.

Aquél fue un año de altibajos en su vida, pues en ese mismo 1360 estuvo comprometido en una conjura en la que figuraban varios amigos suyos, por lo que se vio marginado. Vivió sus últimos años en pobreza y soledad. Los pasó en su tierra natal, Certaldo, donde se manifestó la enfermedad que amargaría su vejez: la hidropesía. Su cuerpo se hinchó de tal manera que le costaba trabajo moverse. Vivía solo, acompañado por Bruna, una vieja sirvienta, y dedicado a revisar las traducciones al latín de la *Ilíada* y la *Odisea* de Homero, hechas por su amigo el helenista Leonzio Pilato.

Su última empresa intelectual estuvo dedicada a su maestro Dante. Fue contratado por la Señoría florentina para dar lecciones orientadas a promover entre el gran público la obra del poeta. Boccaccio dictó la primera lección el 23 de octubre de 1373 en la iglesia de

Santo Stefano di Badia, a pocos pasos de la casa natal del autor de la *Comedia*. El público, según testigos, era plural: gentes de pueblo, eclesiásticos, autoridades, intelectuales, personas de alto rango. Las lecciones, por las que le pagaron cien florines, duraron varios meses, pero se interrumpieron de manera abrupta, seguramente por sus quebrantos de salud.

En su escritorio de Certaldo dejó las 59 lecciones que dictó sobre Dante y una última —la 60— que no llegó a concluir.

II

Como los poemas homéricos, el *Quijote,* o las novelas de Victor Hugo y de Dickens, los cuentos del *Decamerón* han sido adaptados desde hace varios siglos a todos los géneros, para llegar a un público más amplio que el de los lectores del texto literario: versiones depuradas para niños, versiones teatrales, radiales, televisivas y cinematográficas, además de tiras cómicas, folletines y seriales. *Los cuentos de la peste* es también una obra inspirada en los cuentos inmortales de aquel florentino universal. No pretende ser una adaptación teatral del *Decamerón,* porque llevar al escenario, dramatizados, el centenar de cuentos del libro de Boccaccio sería una empresa imposible y en todo caso irrepresentable. Es una versión muy libre, en formato menor, de aquella obra que, tomando como punto de partida un hecho esencial del *Decamerón* —la fuga hacia lo imaginario de un grupo de personas para escapar de la peste que devasta su entorno—, elabora una historia hecha de historias que contrabandean en el mundo real una realidad ficticia que, a la vez que suplanta las vidas reales de sus protagonistas, los redime del infortunio mayor de la condición humana: el perecimiento o extinción. La vida real se va diluyendo en el curso de la obra hasta desvanecerse del todo en el laberinto de invenciones que cuentan y representan los cinco personajes, proceso en el que ellos mismos van desapareciendo y reapareciendo mientras sus vidas reales —que nunca conocemos a cabalidad— van siendo sustituidas por las vidas fantaseadas que relatan y encarnan de manera sucesiva. Ésta no es una operación fantástica sino de realismo fantástico —son cosas distintas—, pues es lo que hacen los actores cuando suben a un escenario a interpretar una obra y lo que hacemos todos los mortales cuando nos figuramos vivir aventuras o situaciones distintas a las que configuran nuestra existencia cotidiana. Nosotros solemos hacer esto en soledad, de manera secreta. Los personajes de *Los cuentos de la peste* lo hacen en público, a través de pequeños espectáculos que quieren ser exorcismos contra la pestilencia. Actuar, para ellos, es un quehacer de vida o muerte, una lucha por la supervivencia.

¿Hay cinco personajes en la obra o sólo cuatro? Aminta, la condesa de la Santa Croce, no parece ser de la misma naturaleza que los otros fugitivos de lo real, sino, más bien, una ciudadana del reino de la fantasía, una creación del duque Ugolino de la que los demás no son conscientes, un ser que no tiene la misma consistencia que los otros, que es apenas un personaje de cuento. Los otros cuatro aspiran a serlo, desde luego, para eso han venido a Villa Palmieri, pero, en sentido estricto, sólo Aminta lo es. Esta naturaleza distinta de la condesa de la Santa Croce —un fantasma de verdad entre cuatro personajes que lo son de mentiras— debería insinuarse en su actuación, en su manera de moverse, de hablar y de reaccionar frente a las ocurrencias que viven o cuentan los otros personajes de la obra.

Entre estos cuatro, sólo Pánfilo y Filomena proceden del elenco del *Decamerón*. Boccaccio no nos dice gran cosa sobre los diez jóvenes que se encierran en Villa Palmieri a contar cuentos, salvo que eran alegres, veinteañeros y pertenecían a buenas familias. Pánfilo y Filomena tienen varias identidades en el curso de la obra. ¿Alguna de ellas es la verdadera? No hay modo de saberlo; puede decidirlo el espectador o aceptar que la verdadera identidad de esos jóvenes es no tenerla, lo que equivale a decir que tienen identidades frágiles y escurridizas, que cambian según las circunstancias y las historias que protagonizan, como les ocurre en la vida real a los actores.

Lo mismo vale para el duque Ugolino y Boccaccio. En el caso de este último, como el personaje de la obra está inspirado en una figura histórica, es evidente que hay una identidad real bajo los muchos disfraces con que se oculta y transforma a lo largo de *Los cuentos de la peste*. Una precisión: aunque, cuando vivió la experiencia de la peste, el Boccaccio real era un hombre relativamente joven —treinta y cinco años—, en la obra aparece tal como, según los testimonios, fue en su vejez, muy gordo y lento de movimientos, aunque de espíritu ágil y, se diría, rejuvenecido por una peste que, aunque de un lado lo empavorece por la vecindad de la muerte, de otro lo revitaliza pues lo ha hecho vivir la materia prima de los cuentos que lo inmortalizarán. El Boccaccio de *Los cuentos de la peste* es un ser imaginativo y sensual, ama la carne y la fantasía, y no ve incompatibilidad alguna entre los placeres materiales y la vida espiritual, que, para él, es sobre todo la invención literaria y el conocimiento intelectual antes que la piedad religiosa.

El duque Ugolino, el más anciano de los personajes, noble solterón, amigo de la caza y la aventura, ha prohijado a lo largo de su vida un amor imposible, con una mujer que seguramente inventó y con la que ha tenido y tiene todavía una pasión desgarrada, truculenta, a ratos sádica y a ratos masoquista, una mujer en la que vuelca fantasías y apetitos recónditos y con la que no cesa de jugar. ¿Cuánto de lo que vive y cuenta en el escenario es cierto y cuánto falso? Tampoco hay manera de saberlo: como de los otros personajes, se puede decir que lo único seguro e incontestable que sabemos de él son esas cambiantes personalidades que adopta mientras cuenta y actúa. El duque Ugolino, Boccaccio, Pánfilo, Filomena y Aminta son ficciones, seres de pura invención, actores que en su entrega total a la representación se transubstancian en aquellos seres a los que representan. Se volvieron irreales para salvarse de la peste y allí se quedaron, en ese territorio deletéreo y fugaz que es el del teatro y la literatura.

La música, la danza, la pantomima y la mímica son centrales para la representación. Los personajes no sólo cuentan y representan los cuentos; también los miman y parodian, en silencio, cuando el duque Ugolino y la condesa de la Santa Croce hacen sus apartes o cuando, en un episodio, dos personajes se aíslan y los otros quedan excluidos de la acción. Ésta nunca se detiene; en estos últimos casos, los otros prosiguen los relatos, en silencio, valiéndose de gestos, muecas y ademanes.

La música sirve para situarnos en aquel remoto tiempo y crear el ambiente de amenidad y expectación, festivo e intenso con que, en su encierro de Villa Palmieri, se entregan los fugitivos de la peste a la tarea de inventar y vivir la ficción.

En este sentido *Los cuentos de la peste* son fieles al *Decamerón* de Boccaccio, aunque en lo demás tomen muchas distancias con su modelo. Pocas obras han exaltado tanto la invención literaria como ésta, al extremo de conferir a los cuentos no sólo la función de entretener y enriquecer lo vivido con experiencias imaginarias, sino la más definitiva de inmunizar al ser humano contra la muerte. Esto, claro está, hay que entenderlo en un sentido simbólico: nada puede impedir que el ser humano sea tarde o temprano vencido por el tiempo. Ser salvados de la peste negra por la ilusión literaria debe entenderse como una metáfora: los diez jóvenes que se encierran en Villa Palmieri salen de ese encierro con una dosis mayor de la vitalidad que tenían cuando iniciaron su retiro, más ávidos de la riqueza y felicidad de la vida, y, al mismo tiempo, más conscientes de la necesidad de dotar a esa vida, que para nadie es eterna, de un designio y una creatividad que de algún modo la prolonguen más allá de la muerte, que deje una huella cuando el cuerpo haya dejado de existir. Así defienden la literatura, el teatro, las artes, al ser humano contra la desmoralización que pueden provocar en él amenazas como la peste negra.

Todos somos actores, la mayoría sin saberlo. Todos, en muchos momentos de nuestras vidas, abandonamos la espontaneidad y, en lo que decimos y hacemos, introducimos a alguien que dice y hace en nombre nuestro lo que pensamos debe decirse y hacerse en aquella circunstancia. Todos nos desdoblamos sin siquiera notarlo, impelidos por una conciencia que determina lo que, en aquel preciso contexto, en aquella determinada situación, conviene decir o hacer. Esto no es hipocresía sino teatro, cuidado de las formas, civilización.

El teatro no es un hecho casual, es una deriva de esa propensión profunda que habita en todos los seres humanos de, en determinadas situaciones, querer salir de nosotros mismos, escapar de la cárcel que somos, y ser otros. Los actores son esos «otros» que todos quisiéramos ser, esos que, sin dejar de ser lo que son, son también muchos, según los papeles que encarnan en cada representación. Los actores lo son profesionalmente. Los demás, el común de los mortales, lo somos sin exhibirlo, cuando «actuamos» guardando las formas y las convenciones sociales, cuando superponemos a nuestro yo auténtico un yo social, o cuando, en el secreto de nuestra intimidad, nos abandonamos a la fantasía de ser otros, de hacer lo que nunca hicimos ni haremos en la realidad. De alguna manera, los chicos y chicas del *Decamerón* que huyen de Florencia para escapar de la peste y se encierran a contarse cuentos —a ser otros— simbolizan ese rasgo central de la condición humana. Ésa es también, guardando todas las distancias, la historia que viven (que cuentan) los personajes de *Los cuentos de la peste*.

Las historias de Boccaccio trasladan a los lectores (y a sus oyentes) a un mundo de fantasía, pero ese mundo tiene unas raíces bien hundidas en la realidad de lo vivido. Por eso, además de hacerlos compartir un sueño, los forma y alecciona para entender mejor el mundo real, la vida cotidiana, con sus miserias y grandezas, sobre lo que anda en él mal o muy mal y sobre lo que podría y debería estar mejor. Seis siglos antes de que se hablara del compromiso del escritor, de literatura comprometida, Giovanni Boccaccio la practicaba. No lo hacía guiado por razones ideológicas, sino por su certera intuición y su sensibilidad anticipatoria.

Florencia, 22 de febrero de 2014

LOS CUENTOS
DE LA PESTE

La obra transcurre en algún momento del año 1348, durante la Peste Negra, en Villa Palmieri, una quinta de recreo perteneciente a Giovanni Boccaccio, situada en la aldea de San Domenico, en las colinas que rodean Fiesole, a pocos kilómetros de Florencia.

Las escenas tienen lugar principalmente en el patio o los jardines de Villa Palmieri, un escenario que a lo largo de la obra va mudando también, como los cinco personajes, en los distintos sitios y ambientes donde ocurren los cuentos que relatan y representan.

ardiendo de fiebre y delirando. Su vientre y sus ingles se habían llenado de tumores. Enflaqueció hasta convertirse en espectro. Cuando Floralisa y yo escapamos, media decena de religiosas agonizaba en la enfermería, la capilla y los corredores del claustro.

PÁNFILO

Me gustaba la vida en el convento. Desde el primer día sentí atracción por Filomena. Nos paseábamos tomadas de la mano por el huerto lleno de árboles y de plantas, tejíamos guirnaldas para adornarnos. En las noches, desde la torre de la iglesia, contemplábamos el cielo lleno de luceros. Cuando huimos, unos campesinos nos brindaron techo y comida a cambio de ayudar en las faenas de la tierra. Allí crecimos. Allí revelé a Filomena mi verdadero sexo. Allí descubrimos que nos unía el amor.

BOCACCIO

Un sentimiento de tarea cumplida, de estar en paz con mi conciencia, me embargaba cuando, al verme venir, las calles de Florencia se vaciaban y los pocos transeúntes se prosternaban a mi paso, lívidos de terror, preguntándose *(persignándose):* "¿Seré yo la próxima víctima del ~~señor inquisidor~~ *se fanático*?". En esos tiempos, soñaba, hablaba, oraba y escribía en latín. Y había empezado a aprender de memoria la *Comedia* de Dante.

(Los personajes no dialogan, no se dirigen a un público: recuerdan, salmodian, hablan como drogados) Parecen estar viviendo una pesadilla.

Página del libreto teatral de Mario Vargas Llosa. Las notas manuscritas del autor son indicaciones sobre la puesta en escena.

Personajes

EL DUQUE UGOLINO
Un sabio anciano de Capsa
El conde de Amberes, en Flandes
El viejo jardinero de Lamporecchio
Un mastín infernal, en Chiassi

GIOVANNI BOCCACCIO
Un fanático
El gigante Fóscolo, en los alrededores de Florencia
Una víctima de la gula
Un incendiario
El monstruo Barbanto
Un anciano anacoreta de la Tebaida
Un brujo, médico o milagrero de los arrabales de Amberes
Una abadesa de un convento de clausura
El caballero Lizio de Valbona, en Romagna
Un mastín infernal, en Chiassi

AMINTA, CONDESA DE LA SANTA CROCE
Alatiel, princesa musulmana de Babilonia
Una vecina de Capsa
La condesa de Amberes, en Flandes
Una monjita
Giacomina de Valbona, en Romagna
Dama Giovanna, en Florencia

PÁNFILO
Floralisa, novicia en un convento de clausura, en Florencia
El último fanático de la fe
Un hermano incestuoso, en Certaldo
El monje Rústico, en la Tebaida
Gualtieri de Amberes
Masetto de Lamporecchio, jardinero de las monjas
Ricardo de Brettinoro, en Romagna
Guido de Anastagi, en Chiassi
Federico de Alberighi, dueño de un halcón

FILOMENA
Una monja en un convento de clausura, en Lamporecchio
La mula de un inquisidor, en Vallombrosa
Una hermana incestuosa, en Certaldo
Alibech, joven conversa
Giannetta, camarera, en Flandes
Una monjita en un convento de clausura
Catarina de Valbona, en Romagna
Giulia, fantasma, en Chiassi

PRIMERA PARTE

I
EL HOMBRE-VENENO
Y EL FANÁTICO

Sentados en ronda bajo los árboles, bañados por la luz del crepúsculo y una suave música de tamborines, mandolinas y pífanos, Boccaccio, Pánfilo, Filomena, Aminta, condesa de la Santa Croce, y el duque Ugolino cuentan ¿sus vidas? Constituyen un grupo unido, con excepción de Aminta, quien guarda una distancia visible con el resto, salvo cuando encarna a otro personaje o habla con el duque Ugolino. Lo mismo ocurre con los demás hacia ella, que ni siquiera parecen advertir su presencia.

EL DUQUE UGOLINO

Estuve en las Cruzadas y tengo el cuerpo cosido de cicatrices. Maté y herí a muchos paganos. Antes de partir al rescate de los Santos Lugares, vi cruzar el cielo de Florencia al cometa que según el obispo Ranieri anunciaría el fin del mundo. Mi nombre no es Ugolino. No soy duque.

CONDESA DE LA SANTA CROCE

Enviada por mi padre, el sultán de Babilonia, a casarme con el rey de Algarvio, padecí toda clase de percances y fui amante de ocho hombres. Luego de cuatro años de aventuras, pude viajar a desposarme con el monarca al que estaba prometida. No soy la condesa de la Santa Croce ni me llamo Aminta. Tampoco estoy aquí. Mi nombre es Alatiel.

BOCCACCIO

No me llamo Giovanni Boccaccio. Nunca viví en Nápoles ni estudié Banca y Derecho. Tampoco me he pasado la vida entre viejos infolios y escribiendo libros que nadie leerá. Por mi hermosa caligrafía los benedictinos hicieron de mí un copista, pero jamás acepté iluminar manuscritos porque la pintura es diabólica y no quise exponerme a Satanás. Me habría quedado ciego dedicando diez horas diarias a copiar si el buen Dios no hubiera dispuesto para mí un cambio de oficio. ¿Cuál? Inquisidor.

FILOMENA

Mis padres me llevaron a un convento de clausura al cumplir diez años. Si no fuera por la peste, seguiría durmiendo sobre una tabla, despertándome a las cuatro de la madrugada para la primera adoración, bordando, rezando y soñando unos sueños pecadores por los que mi confesor me exigía ajustar más el cilicio sobre mi carne púber. Las cicatrices forman un cinturón en mis caderas. Pero, gracias a Floralisa, recuerdo aquellos años con nostalgia.

PÁNFILO

Yo soy Floralisa, la novicia inseparable de Filomena. No sé por qué me metieron a ese convento de monjas siendo un niño y no una niña. No sé por qué mis padres ocultaron mi sexo, ni por qué decidieron enterrarme en un mundo de puras mujeres, ni por qué se ocultaron ellos de mí y me ocultaron a mí de ellos.

BOCCACCIO

Como fanático de la fe he interrogado a sospechosos de malas artes y peores compañías, brujería, pactatarios y adoradores del demonio, sodomitas, apóstatas, falsos conversos, infractores de los mandamientos, herejes, idólatras, copuladores de bestias y corruptores de infantes. A todos los colgué del potro o senté en parrillas al rojo vivo, los llevé ante el tribunal que los condenó y, montados al revés en un burro y enfundados en una camisola verde y un capirote estrellado, los conduje a la hoguera. Al verlos arder, siempre lloré.

EL DUQUE UGOLINO

Al regresar de Jerusalén, mis tierras y mi casa habían sido ocupadas y mi mujer huido con un mercader veneciano. Terminé de mendigo en Florencia, la ciudad que me vio nacer noble y rico. Viví diez años de la caridad, durmiendo en los atrios de las iglesias y a la sombra de las murallas. Me alimentaba con la sopa que reparten los conventos a los pobres.

CONDESA DE LA SANTA CROCE

La nave en que nos dirigíamos a Algarvio había dejado atrás Cerdeña cuando cayó aquella tempestad. El viento y las lluvias desarbolaron el barco y las corrientes nos arrastraron a Mallorca. Zozobramos. La tripulación pereció ahogada. Prendida de un madero, conseguí llegar a una playa desierta. Iba a morir de hambre y de sed cuando un gentilhombre de la región, Pericón de Visalgo, me rescató. Fue el primero.

FILOMENA

¿En qué consistían los sueños que me metía el demonio en la cabeza? Un galope desbocado y, al poco rato, irrumpía en mi celda un hombre de la secta mahomética desnudo de la cintura para abajo. Blandía un badajo negruzco cuyo único ojo me escudriñaba con vicio. Yo lanzaba gritos espantosos. *(Lo hace.)* Cuando iba a saltar sobre mí, me despertaba.

PÁNFILO

Sospecho que detrás de los enigmas de mi vida hay un pecado tenebroso, por el que la pareja que me engendró pasará la eternidad en el infierno. Todavía no sé quiénes fueron mis padres. La reverenda madre María del Rosario de la Virgen Santísima, nuestra abadesa, me llamó una mañana y me dijo: «Tal vez un día Nuestro Señor te permita descubrir el misterio de tu nacimiento, Pánfilo, y por qué te trajeron a este convento disimulando tu sexo. No estoy autorizada a revelarlo. Gracias a ese engaño estás vivo. Te protegeré mientras pueda. Después, los cielos proveerán».

BOCCACCIO
Ningún fanático de la fe ha puesto más celo que yo en la persecución del demonio enquistado entre los creyentes para sembrar la concupiscencia. Ninguno en toda la cristiandad ha enviado tantas almas podridas al infierno. Ninguno ha rezado tanto por ellas como este pecador.

EL DUQUE UGOLINO
El viernes 28 de marzo del año del Señor de 1348, entre la hora nona y las vísperas, cuando en la iglesia de San Miniato imploraba la caridad de los fieles, tuve el primer chorro de sangre por la nariz. Manchó los harapos que me abrigaban. Esa noche me salieron los primeros bultos en las ingles y en los sobacos. Al reventar, expulsaban pus espeso y maloliente. Presa de sudores, fiebre alta, vómitos y escalofríos, fui el primer florentino víctima de la pestilencia.

CONDESA DE LA SANTA CROCE
Pericón de Visalgo me llevó a su castillo y trató de seducirme. Yo rechazaba sus avances. Entonces, me hizo beber vino, una bebida que yo, musulmana, desconocía. Aturdida por el alcohol, caí en sus brazos.

Conocí la brutalidad de los hombres y el placer. Ambas cosas me gustaron.

FILOMENA
Cuando me oía llorar, Floralisa venía a consolarme. Nos entendíamos sin necesidad de hablarnos, por la mirada. Inventamos una manera de disimular nuestra amistad, porque la abadesa nos había prohibido encariñarnos entre nosotras las novicias.

PÁNFILO
Ninguna de las hermanas se percató jamás de mi verdadero sexo. En el convento nunca nos desnudábamos, ni siquiera para bañarnos una vez al mes; lo hacíamos con una túnica que nos cubría desde el cuello hasta las rodillas. A mis compañeras les sorprendía mi voz ronca. Yo procuraba aflautarla y hablar bajito.

BOCCACCIO
A mí se debe que en Florencia los condenados a morir por el fuego ardan plantados de cabeza. Lo propuse para no deshonrar a nuestros mártires de los primeros tiempos, a los que los paganos quemaban de pie para honrar a sus ídolos. El término «plantados», invento mío, está ahora en todas las bocas.

EL DUQUE UGOLINO

Supe que estaba muriendo cuando unas ratas gordas vinieron a mordisquear mi cuerpo. Las vi caer a mi alrededor, envenenadas por mí, el hombre-veneno en que me convirtió la peste. Cuando los alguaciles me quemaron, millares de florentinos se pudrían víctimas de la pestilencia enviada por Dios para castigar nuestros pecados.

CONDESA DE LA SANTA CROCE

Mi salvador tenía un hermano, Marato, que se prendó de mí. Una noche, hizo asesinar a Pericón de Visalgo a cuchilladas por sus sirvientes y, a pesar de mis gritos y llanto, me raptó. Me llevó a un barco que tenía aparejado en el puerto. Zarpamos y, a la segunda noche de navegación, me hizo suya. Para doblegarme, me molió a golpes. Me dolió, pero, oh sorpresa, gocé. Fue el segundo.

FILOMENA

La peste entró en el convento como uno de esos incendios que le gustan al señor Boccaccio. En un recreo la abadesa se desplomó, chorreando sangre por la nariz, ardiendo de fiebre y delirando. Su vientre y sus ingles se habían llenado de tumores. Enflaqueció hasta convertirse en espectro. Cuando Floralisa y yo escapamos, media decena de religiosas agonizaba en la enfermería, la capilla y los corredores del claustro.

PÁNFILO

Me gustaba la vida en el convento. Desde el primer día sentí atracción por Filomena. Nos paseábamos tomadas de la mano por el huerto lleno de árboles y de plantas, tejíamos guirnaldas para adornarnos. En las noches, desde la torre de la iglesia, contemplábamos el cielo lleno de luceros. Cuando huimos, unos campesinos nos brindaron techo y comida a cambio de ayudar en las faenas de la tierra. Allí crecimos. Allí revelé a Filomena mi verdadero sexo. Allí descubrimos que nos unía el amor.

BOCCACCIO

Un sentimiento de tarea cumplida, de estar en paz con mi conciencia, me embargaba cuando, al verme venir, las calles de Florencia se vaciaban y los pocos transeúntes se prosternaban a mi paso, lívidos de terror, preguntándose *(persignándose)*: «¿Seré yo la próxima víctima de ese fanático?». En esos tiempos, soñaba, hablaba, oraba y escribía en latín. Y había empezado a aprender de memoria la *Comedia* de Dante.

II
ASESINATOS Y PLACERES

Las voces se van apagando, pero Boccaccio, Pánfilo y Filomena siguen contando, en silencio, a juzgar por el movimiento de sus labios y gestos y ademanes. Ignorados del resto, el duque Ugolino y Aminta, condesa de la Santa Croce, hacen un aparte.

CONDESA DE LA SANTA CROCE

Los dos patrones del barco en que Marato y yo cruzábamos el Mediterráneo se enamoraron de mí. Un anochecer, ambos empujaron a Marato al mar, simulando un accidente. Pero ninguno de los dos hermanos quiso ceder al otro la primacía de ocupar mi lecho. Discutieron, se insultaron y se acuchillaron. Murió el mayor y el menor quedó gravemente herido. Así llegamos a Chiarenza.

EL DUQUE UGOLINO

Cuentas tan bien que me dan ganas de creerte, Aminta, amor mío.

CONDESA DE LA SANTA CROCE

(Como si no lo hubiera oído ni advertido su existencia.)
En Chiarenza, el príncipe de Morea me vio y cayó rendido a mis pies. El patrón del barco, temeroso de ser asesinado por el príncipe, me regaló a él, que me hizo su amante favorita. Fue el tercero. Creí que con este hombre de maneras suaves y enamorado de la poesía tendría una vida tranquila. Pero un día desembarcó en Chiarenza el duque de Atenas. Hasta él habían llegado noticias de que una belleza sarracena era ahora la preferida de su amigo, el príncipe de Morea.

EL DUQUE UGOLINO

¿Has inventado tú misma todo eso?

CONDESA DE LA SANTA CROCE

(Hablando para un auditorio invisible.) El duque de Atenas sobornó a un criado del príncipe, que le abrió las puertas del palacio. Una pandilla de sus hombres capturó a mi amante dormido y lo despeñó desde lo alto del farallón. Luego, me llevaron a una nave que nos esperaba en el puerto lista para zarpar. El duque de Atenas fue el cuarto.

EL DUQUE UGOLINO

Pasas de brazo en brazo con una naturalidad que revela una larga experiencia y una total falta de escrúpulos. ¿Te gustaría matarme de celos?

CONDESA DE LA SANTA CROCE

(*Inmutable.*) Constancio, aliado del duque de Atenas e hijo del emperador de Constantinopla, vino a combatir junto al duque y, al verme, enloqueció por mí. Urdió una intriga para secuestrarme, aprovechando que el duque estaba en la guerra. Constancio me llevó a la isla de Quíos. Me azotaba, antes de hacerme el amor, con una cuerda de terciopelo que no dejaba marcas. Fue el quinto.

EL DUQUE UGOLINO

Tu delirante historia ni me interesa ni me excita, Aminta.

CONDESA DE LA SANTA CROCE

(*Impertérrita.*) Eran unos días sosegados los de Quíos. Súbitamente, una tarde, Uzbek, el rey de los turcos, cayó con su ejército sobre la villa. Mató a todos los hombres, saqueó el lugar y me llevó consigo como parte del botín. En Esmirna me convertí en la reina de su harén. Las otras mujeres me odiaban y con los eunucos tramaron mi muerte. Fue el sexto.

EL DUQUE UGOLINO

Te ruego que vuelvas a ser tú y hablemos, señora condesa de la Santa Croce.

El rey de Capadocia atacó a Uzbek sin prevenirlo y éste salió a hacerle frente con su ejército. En la primera batalla murió Uzbek y sus hombres fueron diezmados. El rey de Capadocia avanzaba hacia la ciudad, destruyendo todo a su paso. Huí, con un servidor de Uzbek, Antíoco, que estaba prendado de mí. Fue el séptimo. En una pequeña nave de pescadores llegamos a Rodas. Antíoco me amaba tanto que ni siquiera podía hacerme el amor. Pasaba las noches besándome las plantas de los pies.

EL DUQUE UGOLINO

Está bien, está bien, sigue con tu ridícula perorata.

CONDESA DE LA SANTA CROCE

Antíoco murió al poco tiempo de una enfermedad misteriosa que llenó su cuerpo de temblores y lo volvió ciego. Un comerciante se ofreció a llevarme de Rodas a Pafos. Acepté y fue el octavo. No porque el comerciante me gustara. Era viejo, impotente y roncaba. Pero en Pafos descubrí un día en la calle al gentilhombre Antífonos, de la corte de mi padre, en Babilonia.

EL DUQUE UGOLINO

(Burlón.) Ah, resulta que eran nueve, Aminta, no ocho.

CONDESA DE LA SANTA CROCE

Antífonos no me tocó. Le referí mis desventuras y decidió ayudarme a regresar a casa de mi padre. Y a fraguar la historia que le contamos al llegar a Babilonia, cuatro años después de haber partido de allí. *(Abre los brazos y se arrodilla ante Ugolino como si fuera el sultán de Babilonia.)* «¡Padre mío! Ésta es la increíble historia que he vivido. Al zozobrar en el primero de mis viajes, yo, la única sobreviviente, fui rescatada por unas monjas mallorquinas. Me tuvieron todos esos años en su convento, en la más estricta castidad y respetando mi religión.» *(Aminta se reincorpora y finaliza su relato.)* Poco después de retornar a Babilonia pude zarpar de nuevo rumbo a Algarvio, a desposarme con el rey, del que soy ahora esposa fiel y mujer feliz.

EL DUQUE UGOLINO

(Aplaudiéndola.) Me gustan las historias que terminan bien, Aminta.

CONDESA DE LA SANTA CROCE

(Como retornando a la realidad y sólo ahora descubriendo a Ugolino.) La tuya terminaba muy mal, por cierto, Ugolino: muerto por la peste, comido por las ratas y quemado. *(Pausa.)* Lo más inverosímil era lo de las Cruzadas.

EL DUQUE UGOLINO

Intenté ser cruzado antes de conocerte, aunque nunca lo supieras. Partí rumbo a Jerusalén. No fue mi culpa que, en Esmirna, mi caballo se encabritara por una serpiente que se le cruzó en el camino y me lanzara al suelo. Estuve varios meses esperando que mis huesos volvieran a soldar. Pero el deseo de ir a los Santos Lugares nunca me abandonó.

CONDESA DE LA SANTA CROCE

¿De veras viste pasar por el cielo de Florencia al cometa que, según el obispo Ranieri, anunciaría el fin del mundo?

EL DUQUE UGOLINO

Mi padrastro lo vio. Era un buen contador de historias. Me describió el paso del cometa, escupiendo fuego por todas sus bocas, con absoluta precisión. Fue como si lo hubiera visto.

CONDESA DE LA SANTA CROCE

Me dio risa aquello del mendigo que dormía en el atrio de las iglesias, pedía limosna por las calles de Florencia y se alimentaba con la sopa de los conventos.

EL DUQUE UGOLINO

He tenido esa pesadilla muchas veces. Con el añadido de que, como mendigo, pasaba tanta hambre que hasta me comía un sapo vivo.

CONDESA DE LA SANTA CROCE

Tal vez esa pesadilla sea lo único creíble, Ugolino. Porque, con los años, tu cara se ha ido pareciendo cada vez más a la de un sapo.

EL DUQUE UGOLINO

Todo lo que sale de tus labios es siempre un halago, amor mío. Comparados a ti, que eres tan bella, todos los seres de la creación somos feos como sapos. *(Señalando a los otros.)* Pero volvamos, deben estar echándome de menos.

III
ENGAÑAR A LA PESTE CON MENTIRAS

El duque Ugolino y Aminta se acercan a sus compa-
ñeros, a los que encuentran silenciosos y compun-
gidos.

EL DUQUE UGOLINO
¿Por qué esas caras tan largas?

PÁNFILO
Murió Maticorena, el ama de llaves.

EL DUQUE UGOLINO
Resistió más de lo que esperábamos.

FILOMENA
Siete días. Los criados han resistido apenas tres o cuatro. Sólo el jardinero duró cinco desde las primeras calenturas.

BOCCACCIO
Resistieron menos porque se aferraban a la existencia con obstinación y vivían en el pánico de la muerte.

Al verlos acobardados, el mal se encarnizaba con ellos. Maticorena fue siempre un ser resignado. Como no le ofrecía oposición, la compasiva pestilencia actuó contra ella más lentamente.

EL DUQUE UGOLINO
¿Significa su muerte que nos hemos quedado sin criados?

PÁNFILO
Así es. Había catorce. Siete huyeron robándose las provisiones y los otros siete han sido abatidos por la peste. Nos hemos quedado solos. Y casi sin comida.

FILOMENA
Porque también han muerto o desaparecido los caballos del establo y todos los perros y gatos que merodeaban por Villa Palmieri cuando llegamos.

Breve pausa.

BOCCACCIO
Ya sé en qué estáis pensando: ¿cuál de nosotros será el primero en caer si fracasa nuestra estratagema y no conseguimos engañar a la maldita pestilencia?

EL DUQUE UGOLINO

Seré yo. Soy el más viejo y mi cuerpo no tiene ya casi defensas para resistir a la peste.

CONDESA DE LA SANTA CROCE

(Aparte.) Espero que así sea.

PÁNFILO

Me tocará a mí, duque Ugolino. Soy el más débil de la compañía. No me importa. Lo insoportable sería para mí ver morir antes a Filomena. *(La coge de las manos y la mira con ternura.)* Quiero que la última cosa que vea sea tu bello rostro de ojos luminosos y piel translúcida, mi amada.

BOCCACCIO

(Despectivo.) Vosotros, en el fondo, también queréis morir. Por eso habláis todo el tiempo de la muerte. Yo, en cambio, quiero vivir y sé que viviré. En mí el amor a la vida es más fuerte que el miedo a la muerte. Tengo mucho que escribir antes de despedirme de este mundo. La peste me ha sacado de las bibliotecas a la calle y ahora conozco mejor la vida real. Vivía en una cárcel de papeles. Mi próximo libro ya no tendrá sabor a sarcófago y polillas, sino a tráfago callejero, a sudores de piel, a cama y vino.

Sospecho que moriré antes que tú, Pánfilo. Pero, en tus brazos, la muerte será menos dolorosa y menos triste.

EL DUQUE UGOLINO

No estéis tan lúgubres y pesimistas, amigos. No hablemos más de la muerte. En todo caso, siempre podemos intentar la huida. Esta noche no hay luna. ¿Os atrevéis?

BOCCACCIO

Es inútil, Ugolino. Los pisanos, los sieneses y la gente de Prato y Pistoia han colocado arqueros y soldados armados con lanzas y espadas en el cerco que nos rodea. Acribillan a todo animal o ser humano que intenta romper el confinamiento. Los idiotas creen que así se librarán del contagio.

EL DUQUE UGOLINO

¿No es preferible morir flechados o alanceados por nuestros vecinos que abatidos por la pestilencia?

BOCCACCIO

No lo es. Lo preferible es vivir.

PÁNFILO

El señor Boccaccio tiene razón. ¡Basta de realidad, amigos!

BOCCACCIO

Cierto, Pánfilo. Volvamos a la fantasía, donde estamos a salvo.

FILOMENA

¿No hemos venido a Villa Palmieri para eso?

EL DUQUE UGOLINO

Hasta ahora ha funcionado, sí, pero la Iglesia podría quemaros por lo que habéis fraguado, don Giovanni. Y a todos nosotros por seguiros la corriente.

BOCCACCIO

¿Quedarán todavía prelados fanáticos en la Iglesia?

PÁNFILO

El último fui yo.

Todos se ponen en ronda para escucharlo y Pánfilo comienza a contar mientras se oye, suave, la tonadilla de mandolinas, pífanos y tambori-

nes que suele acompañar el inicio de cada historia.

PÁNFILO

Un piloto de barco oriundo de Génova, un barco de piratas, naturalmente, regresó antes de tiempo a casa porque a su nave la hundió una tempestad. Entró al dormitorio y me vio enredado a su mujer. Mientras me estrujaba, tratando de matarme, daba voces. *(Grita, intentando zafarse de las manos de Boccaccio, quien, convertido en el piloto de barco, quiere estrangularlo.)* «¡No te estoy poniendo los cuernos, infeliz! Hago un exorcismo para expulsar al diablo del cuerpo de tu esposa. ¡Arrodíllate y reza conmigo o te condenarás!» *(Boccaccio, convertido siempre en el piloto de barco, duda, mira confuso a todos lados y, por fin, se deja caer de rodillas y reza. Pánfilo se dirige a los otros.)* Se asustó y me creyó. Me dejó realizar la purificación. Luego, lloramos y rezamos los tres. Su mujer mató una liebre y nos preparó una buena comida. Creí que me había librado de la muerte. No fue así. Cuando, montado en mi mula, volvía a Florencia, cayó una tormenta demoníaca con rayos y truenos. Mi montura se desbarrancó en un abismo y yo me desnuqué y morí.

FILOMENA

Yo soy la mula que llevaba en el lomo a ese cura lujurioso y desnucado. Llegué viva al fondo del barranco y ahora, recuperada mi libertad, disfruto de una vida libre y salvaje en Vallombrosa. *(Rebuzna y galopa.)* Estos bosques que rodean a Florencia estaban llenos de ermitaños antes de que nos cayera el terrible flagelo de Dios. Ahora son un desierto habitado por esqueletos y fantasmas.

Todos aplauden, menos la condesa de la Santa Croce, que ha observado la escena con una semisonrisa irónica.

IV
HISTORIA DE AMOR

*El duque Ugolino se aparta discretamente de
sus compañeros y se acerca a la condesa de la
Santa Croce. Aquéllos siguen hablando entre sí,
aunque sus voces se van apagando. Sólo se ad-
vierte su mímica.*

CONDESA DE LA SANTA CROCE

¿Crees de veras, como el señor Boccaccio, que en-
cerrado aquí contando cuentos te librarás de la peste?

EL DUQUE UGOLINO

No quiero resignarme a morir. Un ser humano
no puede vivir sin ilusiones, Aminta.

CONDESA DE LA SANTA CROCE

(Burlona.) Cuéntame un cuento, entonces, Ugolino. A ver si así haces el milagro y consigues sacarme de
donde estoy.

EL DUQUE UGOLINO

Tienes que ayudarme, dejándote llevar, olvidando
tus reparos, esforzándote por creer lo que voy a contarte.

CONDESA DE LA SANTA CROCE

No depende de mí sino de ti. De tu capacidad de contarme tus mentiras de modo que parezcan verdades. Si no recuerdo mal, siempre fuiste bueno para los embustes.

EL DUQUE UGOLINO

(Conmovido con lo que cuenta o por la musiquilla que acaba de insinuarse, como telón de fondo de su historia.) Hace de esto algunos años. Volvía de una cacería cuando, al pasar por la iglesia de la Santa Trinidad, vi un elegante cortejo, encabezado por músicos y ángeles. Escoltaba a una niña de alcurnia a hacer su primera comunión. Envuelta en tules y azahares, esa criatura no parecía de este mundo. Aturdido por lo que veía, desmonté y entré a la iglesia entre los invitados. Ni un solo momento aparté la vista de esa aparición.

CONDESA DE LA SANTA CROCE

Esa historia ya la sé, Ugolino.

EL DUQUE UGOLINO

No la sabes toda, Aminta.

CONDESA DE LA SANTA CROCE

Yo era esa niña. Tenía doce años y vivía el éxtasis de recibir por primera vez en cuerpo y alma a Nuestro

Señor Jesucristo. La presencia en la iglesia de la Santa Trinidad de ese viejo con cara de sapo que no me quitaba los ojos de encima me dio miedo.

EL DUQUE UGOLINO

Esa misma tarde visité con dos testigos a tus padres y les pedí tu mano. Horrorizados por los cuarenta y tres años de diferencia entre nosotros, buscaron pretextos para rechazarme. Pero les ofrecí una dote tan enorme por llevarte al altar que su codicia fue más fuerte que sus prejuicios.

CONDESA DE LA SANTA CROCE

¿Sobornaste a mis padres?

EL DUQUE UGOLINO

No fue fácil. Me pusieron condiciones muy estrictas. Esperar tres años hasta que cumplieras los quince. Acepté. Que, durante esos tres años, realizara una proeza fuera de lo común.

CONDESA DE LA SANTA CROCE

¿Cuál?

EL DUQUE UGOLINO

¿Ves cómo no estabas enterada de todo? Cortarle la cabeza al gigante Fóscolo.

Convertido en el gigante Fóscolo, ocultando su cara tras una máscara monstruosa, Giovanni Boccaccio se ha acercado a la pareja y trata de eludir los mandobles en cámara lenta, tan lentos que parecen irreales, que le lanza Ugolino mientras cuenta su historia.

EL DUQUE UGOLINO

Y traérsela a tus padres para que la quemaran en el patio de su casa. El gigante Fóscolo y su banda de forajidos aterrorizaban a los viajeros en las afueras de Florencia desde hacía varios años.

CONDESA DE LA SANTA CROCE

¿Cómo lo lograste?

EL DUQUE UGOLINO

Me tomó cerca de un año. Levanté un ejército para enfrentarme a su banda de piojosos, ladrones y asesinos. Pero él tenía espías en toda Toscana y se me escurría como agua entre los dedos. Por fin, seducido por la recompensa, apareció un delator. A cambio de una talega de florines, me reveló su escondite. Le tendimos una emboscada. Yo mismo corté la enorme cabeza de Fóscolo. La puse, sangrante todavía, a los pies de tus padres.

CONDESA DE LA SANTA CROCE

Era enorme, como la de los cabezudos de carnestolendas. Tenía los ojos abiertos, hirviendo de rabia, y la boca llena de espumarajos verdosos. Tardó muchas horas en arder. Yo y mis amigas bailamos y cantamos en torno a la fogata que iba volviendo cenizas al gigante.

Baila como una niñita mientras lo va diciendo, ante un Giovanni Boccaccio-gigante Fóscolo que se retuerce y agoniza entre las llamas.

EL DUQUE UGOLINO

En esos tres años de espera no pude ponerte un dedo encima. Ni siquiera besarte la mano. Sólo me permitían visitarte una vez por semana y cubrirte de flores, dulces y juguetes. Te contemplaba horas cada tarde, deslumbrado. Porque cada día te ponías más bella.

Giovanni Boccaccio regresa a unirse con Pánfilo y Filomena.

CONDESA DE LA SANTA CROCE

Me aburrían horriblemente las visitas de ese viejo feo que me quitaba el tiempo para jugar con mis amigas y me miraba como si quisiera comerme.

Te recitaba poemas. A veces te quedabas dormida y podía adorarte a mis anchas. Te llevaba músicos que te tocaran el laúd y el arpa y entonaran para ti canciones en latín y en provenzal. Tu recámara estuvo en esos tres años llena de flores frescas y fragantes.

V
INCESTO, GULA, CANÍBALES E INCENDIOS

*Como ha surgido una discusión entre los otros tres
y Boccaccio ha alzado la voz, el duque Ugolino y
la condesa de la Santa Croce callan y se acercan
al grupo a observar qué ocurre.*

PÁNFILO

Yo me desnuqué y morí...

FILOMENA

Yo soy la mula que llevará en el lomo a ese cura
desnucado...

BOCCACCIO

*(Furioso, hecho un inquisidor, con el fondo de la
musiquilla que anuncia las historias.)* ¡Basta! Las mentiras que contáis son tan estúpidas que parecen verdades. Jamás estuvisteis en un convento ni fuisteis dos
novicias. Ambos os criasteis en una casa principal de
Certaldo. Allí pasé mi infancia y vuelvo de cuando en
cuando a ese lugar. Todos los vecinos conocen vuestra
escandalosa historia y todavía hablan de ella sonro-
jándose y a media voz.

PÁNFILO

(Muy tranquilo, lírico.) Recuerdo mi infancia en Certaldo con nostalgia. Me gustaba correr por el campo, aspirar el perfume de los árboles, montar a pelo los caballos salvajes y bañarme en los riachuelos, como los pastores y las cabras.

BOCCACCIO

¿No tenías una hermana, menor que tú?

PÁNFILO

Decid más bien un ángel. Una muchacha de cabellos rubios como las mieses y unos ojos tan azules como el cielo de Florencia en verano.

BOCCACCIO

¿Con qué mañas la convenciste de que se pasara a tu lecho y durmiera contigo?

FILOMENA

(Interponiéndose.) No fue Pánfilo; yo tomé la iniciativa. Me metí en su cama una noche de lluvia que remecía la vivienda. Lo hice sin ánimo de pecar, buscando protección. Porque retumbaban los truenos y los rayos de la tempestad iluminaban el cuarto con una luz que convertía nuestras caras en espantos.

BOCCACCIO

¿Te despojó tu hermano de la camisita de organdí con que dormías y se desnudó él también para sentirte mejor?

PÁNFILO

Cuando entró a mi lecho, mi hermana estaba ya desnuda.

BOCCACCIO

¿La acariciaste?

FILOMENA

Por todo el cuerpo. Y por todo el espíritu también: sus manos me tocaban el alma. Nuestras pieles quemaban. Aquella noche el tiempo se detuvo sobre Florencia y sobre el mundo.

BOCCACCIO

¿Te besó?

PÁNFILO

Por todos sus rincones secretos, abriéndole la boca con mi boca y enseñando a su lengua a anudarse con la mía.

BOCCACCIO
¿La llevabas a bañarse desnuda en los arroyos?

FILOMENA
Simulábamos ser peces en el agua. A veces, algún pastor nos descubría y se quedaba con la boca abierta.

PÁNFILO
Los días impares, nos acariciábamos sin las manos, sólo con nuestros cuerpos. Ese juego nos convertía en antorchas.

FILOMENA
Montábamos a pelo las yeguas respingonas.

PÁNFILO
Nos trepábamos a los árboles.

FILOMENA
Nos revolcábamos en las parvas en los mediodías ardientes.

PÁNFILO
Contábamos las estrellas.

FILOMENA

Nos conmovía el croar de las ranas...

PÁNFILO

... y hasta el zumbido de los mosquitos.

FILOMENA

Nos amábamos y nos lo decíamos cien veces cada día.

PÁNFILO

A voz en cuello.

FILOMENA

Sin importarnos que lo supiera el mundo entero...

PÁNFILO

... que nos denunciaran a la Iglesia...

FILOMENA

... que nos quemaran por el nefando pecado del incesto.

95

PÁNFILO

Iríamos a la hoguera cogidos de la mano proclamando nuestro amor.

FILOMENA

Orgullosos y felices de morir juntos.

PÁNFILO

La peste nos salvó.

FILOMENA

Ahora ya no hay pecados en Florencia ni en el mundo. Ahora todo está permitido.

PÁNFILO

¡Viva la peste, que es la libertad!

BOCCACCIO

(Riéndose.) ¡Viva la peste y vivan los hermanos incestuosos!

CONDESA DE LA SANTA CROCE

(Al duque Ugolino, en voz baja.) El maestro Giovanni Boccaccio pontifica todo el tiempo y os obliga a revelar las debilidades más sucias. Pero él jamás saca las suyas a la luz. ¿Quedó exonerado de esa obligación en el pacto de Santa María Novella?

EL DUQUE UGOLINO

Tienes razón. *(Dirigiéndose a Boccaccio.)* Hacéis hablar a todo el mundo, Giovanni. Pero vos sólo peroráis, preservando vuestra intimidad como una doncellita meliflua. En otras palabras, nos hacéis trampas.

PÁNFILO

Cierto, cierto. Yo lo había notado pero, por respeto a la ciencia del maestro, no me atrevía a decirlo. Ahora, sí. Haced lo mismo que nosotros, señor don Giovanni. Tronad menos y hablad más sobre vos mismo.

FILOMENA

Sí, sí, contad y contaos de una vez por todas.

BOCCACCIO

(Resignado.) Un acuerdo es un acuerdo. Y el de Santa María Novella fue obra mía. Sea. Interrogadme.

PÁNFILO

¿Pecáis a menudo contra la castidad?

BOCCACCIO

Una sola vez en mi vida me masturbé. En Certaldo, de niño, viendo a un gallo montar a una gallina. Nunca más. Jamás he tocado a una hembra. Soy virgen. Hace años, cuando estudiaba los números y el comercio, allá en Nápoles, vi a una araña macho abalanzarse sobre una araña hembra. El lascivo temblor de las alimañas me excitó. Resistí la tentación sumergiéndome en una bañera de agua helada. He cumplido treinta y cinco años y nunca he visto a una mujer desnuda.

FILOMENA

Nadie está libre de vicios, maestro don Giovanni. ¿Cuál es el vuestro?

BOCCACCIO

(Entristecido.) La gula. Puedo resistir los otros, no la tentación de comer. Me asalta a cualquier hora del día o de la noche y debo entonces hartarme de tragar. Todo place a mis tripas: los manjares más refinados y los engendros de la chusma. Me deleitan los faisanes, pero también esos intestinos refritos en grasa que hacen las delicias del vulgo. Mi estómago es un pozo sin fondo. He llegado a devorar medio jabalí, una liebre y media docena de sardinas en un almuerzo, regándolos con dos litros de vino. Para no morir de una indigestión, una herbolaria me hizo tragar una pócima que me tuvo defecando todo un día. Comer es para mí una urgencia que ciega mi razón y mis principios morales. Yo también hubiera podido vender mi primogenitura por un plato de lentejas, como Esaú.

CONDESA DE LA SANTA CROCE
(Al duque Ugolino, en voz baja.) Pregúntale si ahora, que ya no queda casi comida en Villa Palmieri, sería capaz de guisar y comerse a alguno de vosotros.

EL DUQUE UGOLINO
Ahora que escasean las provisiones, Giovanni, ¿seríais capaz, como los salvajes, de practicar el canibalismo, y alimentaros con la pierna o la nalga de Pánfilo, Filomena o la mía?

BOCCACCIO
Con las carnes jóvenes y tiernas de Filomena y de Pánfilo, sin ninguna duda. Tendría algún reparo con las vuestras, pues deben ser añosas y desabridas, caro duque.

PÁNFILO
¿Habláis en serio, maestro don Giovanni, o queréis burlaros de nosotros?

BOCCACCIO
Por supuesto que me burlo de todos vosotros. Estamos aquí para eso. Por lo demás, no sé por qué os

escandalizan mis afirmaciones. El canibalismo es santificado por la Santa Madre Iglesia cada vez que alguien comulga y recibe en su seno, en cuerpo y alma, a Nuestro Salvador. Pero os he confesado mi pasión por la buena mesa. Sin embargo, en mi vida secreta hay algo más. *(Confundido, no sabe cómo continuar.)*

EL DUQUE UGOLINO

Debe ser muy grave cuando os turbáis así. Habéis perdido los colores y la voz.

BOCCACCIO

Abrid bien las orejas, amigos, y no me odiéis. Soy... incendiario.

PÁNFILO

¿Incendiario?

BOCCACCIO

Todos los incendios que han abrasado los bosques de la Toscana en los últimos diez años los provoqué yo. Es otra urgencia irresistible que me asalta de tanto en tanto, desde niño. Ver que, de pronto, se levanta una llama, que humea y se propaga y lo abrasa todo, árboles, plantas, casas, animales, hombres y mujeres, me produce el placer supremo que lleva al borracho a embriagarse y al asesino a matar.

EL DUQUE UGOLINO

¿Fuisteis también el autor del incendio que devoró la alquería de Nínive que me pertenecía?

BOCCACCIO

No recuerdo todos los incendios que he provocado, pues han sido incontables.

FILOMENA

Sois un verdadero diablo, señor Boccaccio. A él le gusta mucho el fuego también.

PÁNFILO

¿Sentís algún arrepentimiento después de provocar esos incendios?

BOCCACCIO

(Burlón.) Lo sentiría si fuera verdad lo que os estoy contando. Pero como es mentira, no.

Todos ríen y aplauden.

VI
NOCHE DE BODAS

El duque Ugolino y la condesa de la Santa Croce se van alejando del resto, que sigue dialogando en voz muy baja, a juzgar por el movimiento de sus labios y sus ademanes, y, al final, con pura mímica.

CONDESA DE LA SANTA CROCE
¿Y, entonces, aquel viejo sapo y la hermosa niña contrajeron matrimonio?

EL DUQUE UGOLINO
En la misma iglesia de la Santísima Trinidad, donde yo había visto por primera vez a esa doncellita de sueño. Ofició la misa el obispo de Florencia. Asistieron los jerarcas de la Señoría y todos los jefes de casas nobles de Toscana. La fiesta duró un día y una noche, se bebieron vinos generosos y comimos manjares exquisitos. Hubo acróbatas, músicos, danzarines, fuegos de artificio y una batalla de fantasía en las aguas del Arno para divertir al pueblo llano.

CONDESA DE LA SANTA CROCE

Cuéntame la noche de bodas entre el viejo sapo y la niña virginal.

EL DUQUE UGOLINO

En la alcoba, fragante de azahares y jazmines, la novia se quedó dormida luego de mojarse los labios con la primera copa de vino.

CONDESA DE LA SANTA CROCE

No es eso lo que quiero oír, Ugolino.

EL DUQUE UGOLINO

Está bien. Aquella primera noche no pude poseer a mi mujer. No me importó. Ya era mía y lo sería para el resto de la vida.

CONDESA DE LA SANTA CROCE

Dame más detalles.

EL DUQUE UGOLINO

Muy delicadamente, para no despertarla, la desnudé. Ya no era una niña, pero aún no era una mujer. Había en ella algo entre terreno y celestial. Pasé muchas horas sin tocarla, en éxtasis. La luz del día llegó y yo seguía aprendiendo de memoria cada pormenor de ese cuerpecito divino.

CONDESA DE LA SANTA CROCE

(Agresiva y vulgar.) ¿Te masturbaste también, inflamado como el señor Boccaccio viendo al gallo montar a la gallina?

EL DUQUE UGOLINO

Aquélla fue una noche de trance espiritual, de arrobo místico. De una adoración religiosa que no ensuciaban los deseos de la carne.

CONDESA DE LA SANTA CROCE

Qué lástima que fueras tan considerado y tan púdico sólo la noche de bodas. Porque al día siguiente volviste a ser el macho cabrío desatado y bestial de siempre.

EL DUQUE UGOLINO

¿Desatado y bestial? Nunca lo he sido, Aminta. Ni siquiera con mis criados, mis caballos ni mis perros. No lo hubiera sido jamás con mi esposa adorada. Todo en ella, hasta la más ínfima hebra de su cabello, me parecía sacrosanto.

CONDESA DE LA SANTA CROCE

Si quieres que crea tu cuento, debes llegar hasta el final, Ugolino. Y contarme no sólo la primera sino la segunda noche de bodas.

VII
EL ACUERDO DE SANTA MARÍA NOVELLA

Pero Giovanni Boccaccio ha elevado tanto la
voz que interrumpe a Ugolino y a Aminta.
Ambos se acercan a escucharlo, como están ha-
ciendo Pánfilo y Filomena.

BOCCACCIO

Lo repito: ¡un absoluto fracaso! Eso es todo lo
que he escrito hasta ahora. Mamotretos eruditos y
pedantes, concebidos para intimidar a los lectores
más que para transportarlos a un mundo de fantasía.
Lo he descubierto aquí, gracias a la peste y a vosotros.

PÁNFILO

No seáis tan severo con vuestros libros, señor
Boccaccio. En mi casa, mi familia celebraba vuestro
Ninfale fiesolano como una obra maestra.

BOCCACCIO

¿En tu casa se hablaba latín? *La fiesta de las ninfas* no
está escrito en vulgar sino en la noble lengua romana.

PÁNFILO

Yo no sé latín, pero lo sabían mi padre y mi abuelo. Ellos nos traducían a mí y a mis hermanos los versos de vuestro poema a la lengua vernácula. ¿No me creéis? Os diré de qué se trata. Cuenta la historia de Africo, un joven buenazo y sencillo, y de sus amores, en el bosque de Vallombrosa, con la ninfa Mensola, consagrada a la diosa Diana. ¿No es así?

BOCCACCIO

En efecto, lo es. Cuando termine la peste y vuelva a coger la pluma, ya no escribiré en latín sino en vulgar. Historias, en vez de poemas.

EL DUQUE UGOLINO

¿Y qué contaréis?

BOCCACCIO

La vida de nosotros aquí en Villa Palmieri. Las historias que nos contamos, las que salen de las tabernas y las caballerizas y pasan de boca en boca por las calles, las que inventamos mientras jugamos al escondite con la pestilencia. Esos cuentos que hasta ahora nos han librado de la muerte.

PÁNFILO

¿Contaréis también la fantasía de que Filomena y yo somos dos hermanos incestuosos?

BOCCACCIO

¿No lo sois acaso?

PÁNFILO

Sólo de a mentiras.

FILOMENA

Hasta el día de nuestro acuerdo, en el atrio de Santa María Novella, Pánfilo y yo nos habíamos visto apenas. Ambos éramos cómicos ambulantes y nos cruzábamos a veces en las calles de Florencia. Esa mañana fue la primera vez que trabajamos juntos.

La condesa de la Santa Croce se ha apartado algo del grupo y es como si no estuviera allí. El duque se dirige a Boccaccio y los otros.

EL DUQUE UGOLINO

Han pasado tan pocos días de nuestro encuentro y, sin embargo, todos vosotros me parecéis viejísimos. ¿No os pasa lo mismo? ¿No os sentís aplastados por los años?

BOCCACCIO

Yo tengo la sensación contraria. Que aquí, en Villa Palmieri, además de hurtarnos a la peste, hemos

113

escapado de la rueda del tiempo. Del deterioro y la extinción.

CONDESA DE LA SANTA CROCE
(Riéndose y hablando para sí misma.) ¿Os habéis vuelto inmortales? ¿Y cómo es que han muerto todos los criados y la pobre Maticorena entre ellos?

BOCCACCIO
(Sin mirarla, pero como si la hubiera oído.) Los criados no formaban parte del acuerdo. Ellos, a diferencia de nosotros, vivían en la verdad. Y así les fue.

EL DUQUE UGOLINO
Tengo una curiosidad, maestro Giovanni. ¿Todo esto lo habíais concebido desde que estalló la peste? ¿Nuestro encuentro aquel día en Santa María Novella no fue casual?

BOCCACCIO
Fue una inspiración del momento. Se me ocurrió en aquel instante, al veros en el atrio de la iglesia, a la salida de misa. Algo, alguien, de pronto me iluminó.

Pánfilo y Filomena, convertidos en dos cómicos callejeros, han comenzado a actuar ante un pú-

blico invisible, del que forma parte Aminta,
aquella mañana.

EL DUQUE UGOLINO

(Regresando a aquel día.) Buenos días os dé Dios, señor Boccaccio. ¿Cómo es que estáis todavía en esta ciudad destinada por Nuestro Señor a perecer por obra de la pestilencia?

BOCCACCIO

Así que vos también creéis, duque Ugolino, que la peste es un castigo de Dios por nuestros pecados.

EL DUQUE UGOLINO

¿No es ésa la explicación que da nuestra Santa Madre Iglesia?

BOCCACCIO

Como cristiano, no la puedo descartar. Pero los filósofos de la antigüedad tenían otras interpretaciones de la peste. Sobre todo, la del miasma.

EL DUQUE UGOLINO

¿Qué es eso?

BOCCACCIO

La corrupción del aire por los vapores venenosos que se elevan de las materias pútridas. ¿No están las calles de Florencia regadas de perros, ratas y gatos muertos, de sobras, comida malograda, basuras hediondas, bolsas de excrementos, de los orines que los florentinos desaguan en las esquinas para felicidad de las moscas? ¿No merecería por eso arder en un bellísimo incendio esta ciudad que fue de Dios y es ahora del diablo?

EL DUQUE UGOLINO

¡Qué nos importa su origen! Sea por decisión divina o por el miasma, esta maldición acabará con todos nosotros.

BOCCACCIO

Hay otras teorías sobre la peste. Según algunos sabios, la trajeron a Florencia los astros. Recordad. El 28 de marzo de 1348 cayó el primer apestado, frente a San Miniato. Yo lo vi. La sangre le corría por la nariz y tenía grandes bultos en los sobacos y en las ingles. ¿Qué pasaba en el cielo en ese instante? Una conjunción de Saturno, Júpiter y Marte en la Casa de Acuario.

EL DUQUE UGOLINO

¿Los astros serían los culpables de que nos estemos pudriendo y reventando como cerdos?

BOCCACCIO
La conjunción de Júpiter y Saturno produce muerte y devastación. Y la de Júpiter y Marte expande la pestilencia valiéndose del aire. Júpiter es un planeta cálido y húmedo y saca vapores malignos del agua y de la tierra, en tanto que Marte es cálido y seco y puede convertir aquellos vapores en fuego infeccioso. Eso podría explicar la peste, duque Ugolino.

EL DUQUE UGOLINO
Saberlo no nos librará de ella. No habéis contestado mi pregunta. ¿Por qué seguís en esta ciudad?

BOCCACCIO
Hubiera podido escapar a Certaldo el primer día, antes de la cuarentena. Pero no presté atención debida a lo que ocurría. Cuando advertí que la epidemia tomaba estas proporciones, ya era tarde: la ciudad estaba cercada por nuestros vecinos. ¿Y cómo es que vos estáis en Florencia, señor duque?

EL DUQUE UGOLINO
No le di importancia, tampoco. Estaba cazando jabalíes cuando estalló. Hubiera podido huir y, en vez de hacerlo, volví aquí. Lo que quiere decir que ambos somos un par de estúpidos, señor literato.

BOCCACCIO

Temerarios, más bien.

EL DUQUE UGOLINO

Temerarios, si lo preferís. Con un poco de imaginación, estaríamos ya lejos de Florencia. En mí, que no soy ilustrado, se entiende. Pero vos no tenéis perdón. ¿De qué os sirvieron los latines y las luces? Vais a morir igual que yo y que *(señalando a Pánfilo y Filomena)* ese par de cómicos que hacen monerías sin que nadie les preste atención.

BOCCACCIO

Os resignáis fácilmente a los gusanos, Ugolino.

EL DUQUE UGOLINO

¿Acaso puede un pobre mortal defenderse contra la peste?

BOCCACCIO

(Pensativo y como hablando para sí.) Tal vez no sea imposible.

EL DUQUE UGOLINO

¿Huir de Florencia, queréis decir? Vos lo habéis dicho: estamos rodeados por soldados y arqueros que acribillan sin piedad a todo el que intenta romper la cuarentena.

BOCCACCIO

(Fantaseando.) No pienso en esa fuga, sino en otra. Más astuta, más sutil. Como la que emprendía, cada vez que perdía un combate, Alejandro de Macedonia. ¿Conocéis la historia?

EL DUQUE UGOLINO

No soy hombre de libros sino de armas.

BOCCACCIO

Alejandro, cuando emprendió la conquista del Oriente que lo llevaría a Persia y a las Indias, arrastró consigo un ejército de contadores de cuentos. Los llamaba los *confabulatori nocturni* porque sólo contaban sus historias de noche. Cuando la Fortuna le hacía perder una batalla, los convocaba y ellos, en sus cuentos, enmendaban lo ocurrido, de modo que el gran Alejandro ganaba todas las batallas, incluso las que perdía. ¿Me entendéis?

EL DUQUE UGOLINO

Ni una palabra.

BOCCACCIO

Pienso, para nosotros, en una fuga grandiosa e imposible. Una fuga de la realidad, mediante la fantasía, a un mundo de sueño. Donde la peste no pueda llegar.

EL DUQUE UGOLINO

¿Habéis perdido el juicio, maestro Boccaccio?

BOCCACCIO

Nunca lo tuve. Soy poeta. ¿Recordáis lo que decía Platón de los poetas?

EL DUQUE UGOLINO

No sé quién es Platón. Hablad más claro. ¿Qué me proponéis?

BOCCACCIO

Retirarnos a un lugar donde podamos olvidarnos de la peste. Y donde ella se olvide de nosotros. Donde viviremos en un mundo de cuentos, precisamente. ¿No se ha vuelto horrible la verdad en este mundo? Mudémonos a otro, de mentiras. Volvámonos unos *confabulatori* y, como ellos, corrijamos la realidad, mejorémosla.

EL DUQUE UGOLINO

¿Habláis en serio o desvariáis?

BOCCACCIO

(Animoso, exaltado.) Tengo una quinta de recreo, en San Domenico. Está dentro del cerco. Villa Palmieri. Bien equipada, con criados, provisiones y bebidas para un buen tiempo.

EL DUQUE UGOLINO

¿Y qué haremos allí?

BOCCACCIO

Os lo he dicho: contarnos cuentos.

EL DUQUE UGOLINO

(Riéndose.) ¿Contarnos cuentos?

BOCCACCIO

Escapar de la peste viviendo entre fábulas. Corromperemos la realidad con la irrealidad. Viviremos refugiados en una selva de historias a la que la peste no sabrá llegar.

EL DUQUE UGOLINO

¿Vamos a encerrarnos ahí, nosotros solos, a contarnos cuentos, como un par de dementes?

BOCCACCIO

(Mirando alrededor, descubriendo y señalando a Pánfilo y Filomena, que continúan tratando de atraer a un público, pero sólo la condesa de la Santa Croce observa sus exhibiciones.) Podemos invitar a esos payasos, que, gracias a su profesión, ya viven a medias de ilusiones.

El duque recapacita. Finalmente, asiente y llama con la mano a los cómicos. Pánfilo y Filomena se les acercan, sorprendidos.

PÁNFILO

(Recordando.) ¿Te acuerdas, Filomena? No habíamos conseguido un solo espectador aquella mañana. Y, de pronto, desde el atrio de la iglesia, el señor Boccaccio nos llamó.

BOCCACCIO

¡Eh, jovencitos! ¡Sí, vosotros! ¡Venid, venid! Tengo algo que ofreceros. Acercaos.

EL DUQUE UGOLINO

¿Conocéis a este señor? Es Giovanni Boccaccio, filósofo y polígrafo, teólogo y poeta. Una gloria de las letras de Florencia.

La condesa de la Santa Croce, Pánfilo y Filomena y el viejo duque rodean a Boccaccio.

BOCCACCIO

¿Sabéis que todos nosotros vamos a morir, no es cierto? Es difícil que alguien escape; la putrefacción está convirtiendo Florencia en un cementerio. He convencido al duque Ugolino que venga conmigo a mi casita de recreo en San Domenico, en las colinas que suben a Fiesole: Villa Palmieri. Está dentro del cerco. Allí podremos librarnos de la peste. ¿Queréis venir?

FILOMENA

¿Y qué haremos allá, señor?

BOCCACCIO

Salir de esta realidad como hacen los poetas y los soñadores y vosotros mismos, con vuestras payasadas: viajando con la imaginación a un mundo mejor que éste.

EL DUQUE UGOLINO

(Medio convencido.) Tal vez la locura sea la única manera de sobrevivir en un mundo que ha perdido la razón.

PÁNFILO

¿No será esto cosa de brujería, de estrelleros, de pacto con el Maligno?

BOCCACCIO

Eres tan estúpido que no mereces acompañarnos, hijo mío.

FILOMENA

Yo sí quiero ir. Cualquier cosa con tal de salir del infierno en que se ha vuelto Florencia. Sé contar cuentos; mis padres, antes de morir, decían siempre que yo andaba por las nubes porque me entregaba con facilidad a los ensueños.

PÁNFILO

Pues, entonces, te acompaño, que no me faltan cuentos que contar. *(Regresando al presente.)* Dije que vendría y aquí estoy, señor don Giovanni. No me arrepiento de haberlo hecho. *(Mirando con ternura a la muchacha.)* En Villa Palmieri descubrí el amor y por primera vez gocé de mi amada Filomena.

VIII
LA PESTE DE A MENTIRAS

En ese momento, al mismo tiempo que se escucha a lo lejos la musiquilla, como atacado por una fuerza invisible, Pánfilo se lleva las manos a la cabeza y comienza a trastabillar y a quejarse. Intenta dar unos pasos y, ante el desconcierto de sus compañeros, se desploma al suelo. Todos se inclinan a socorrerlo salvo la condesa de la Santa Croce, que observa la escena a distancia, sin emoción. Filomena se ha puesto a llorar, murmurando: «Es la peste, es la peste».

BOCCACCIO

(Auscultándolo.) No, no es seguro que lo sea. No tiene hemorragia y no descubro tumores en su cuerpo. No es la peste, Filomena. Debe ser la debilidad. Traed un poco de agua, cualquier cosa de comer, quedó algo del caldo de este mediodía. No es la peste, no todavía, amigos. No os asustéis. Ayudadme a levantarlo, para que pueda respirar mejor.

Es muy raro. En sus axilas no hay bulto alguno; tampoco en las ingles. Ni siquiera parece tener fiebre. Su frente y sus manos están frías.

PÁNFILO

(Quejándose amargamente.) Me abraso por adentro, todo me duele, siento que me trituran los huesos, mi cabeza va a estallar. ¡Socorro! ¡Socorro, amigos! Un confesor, os lo ruego. No quiero morir en pecado mortal. ¡Confesión! ¡Confesión!

BOCCACCIO

(Dándole de beber de una botija que ha traído Filomena.) Calma, Pánfilo. Sobreponte, no es la peste, te lo aseguro, no tienes ninguno de sus síntomas. Es fatiga, aprensión. ¡Valor, muchacho!

PÁNFILO

(Que parece dar el último suspiro.) Me muero, Dios mío, perdóname. Adiós, adiós, amigos. *(Lo sacude un último estremecimiento y queda exánime, con los ojos cerrados. Todos se arrodillan, se persignan, rezan, menos la condesa de la Santa Croce, que sigue observando la escena ahora con aire divertido. De pronto, luego de un largo intervalo, Pánfilo, el supuesto cadáver, abre los ojos, lanza una risotada y de un salto se pone en pie. Hace la exagerada reverencia de un cómico a sus compañeros.)* ¡Os enga-

né a todos! ¡Os creísteis que moría! ¿Quién es el mejor invencionero de la compañía? ¿Quién ha contado la mayor mentira? No, no la he contado: la he representado, la he vivido y todos vosotros os habéis tragado mi embuste. Reconocedlo y aplaudidme.

EL DUQUE UGOLINO

(Aplaudiendo.) Es verdad, yo creí que te morías. Felicitaciones, eximio farsante.

CONDESA DE LA SANTA CROCE

(Al duque, en voz baja.) Pregúntale a Pánfilo si advirtió que la que menos se alarmó por su muerte fue su amada Filomena.

PÁNFILO

(Se adelanta a la pregunta que iba a formularle el duque Ugolino.) Tú has sido la única que no se inmutó cuando creías que me moría, Filomena. Como si mi suerte no te importara.

FILOMENA

(Convertida en una fierecilla.) No me importa nada, Pánfilo. ¿Creías que estaba enamorada de ti, que te amaba? Entonces, eres más estúpido de lo que pareces, como te lo dijo el señor Giovanni Boccaccio el día que te conoció.

PÁNFILO

(Demudado.) ¿Hablas en serio, Filomena?

FILOMENA

(Desafiante.) Creíste que te amaba y era mentira. Todos vosotros os creísteis la historia de nuestro amor. Falsa de toda falsedad, de principio a fin. Y, ahora, reconocedlo: ¿quién ha dicho y vivido la mentira más grande desde que estamos aquí? No has sido tú sino yo, Pánfilo. Aplaudidme a mí, entonces.

Sus compañeros lo hacen, a regañadientes, un poco desconcertados.

IX
INTIMIDADES

El duque Ugolino y la condesa de la Santa Cro-
ce se han ido apartando del resto.

EL DUQUE UGOLINO

Ya sé de qué quieres que hablemos, Aminta. Pero yo no lo quiero. No me sacarás una sola palabra sobre esa segunda noche de nuestra boda. Además, ya la he olvidado.

CONDESA DE LA SANTA CROCE

La recuerdas tan bien como yo. Te acompaña como tu sombra. Vuelve a tu mente de día y de noche, en la vigilia y en el sueño.

EL DUQUE UGOLINO

(Abrumado.) Es cierto. Ha sido el tormento de mi vida. Pero ahora sé que no fui yo, sino un demonio que se me metió dentro del cuerpo, por tu culpa. Y por culpa del alcohol. Estaba ebrio y no sabía lo que hacía.

CONDESA DE LA SANTA CROCE
Fuiste tú. Con tus manos, tu cabeza y, sobre todo, con esa cosa sucia que te cuelga entre las piernas. Claro que sabías muy bien lo que hacías.

EL DUQUE UGOLINO
(Arrodillándose, humillándose, tratando de besar el ruedo de la falda de la condesa.) Una vez más te pido que me perdones, amor mío. Reina Aminta, diosa mía. Te he rogado millones de veces que olvides aquello. ¿No basta una vida dedicada a arrepentirme, a desagraviarte por esa pequeña maldad?

CONDESA DE LA SANTA CROCE
(Pese a decir cosas terribles, Aminta habla despacio y calmada, sin exasperarse, como si estuviera refiriéndose a otra persona.) No bastaría la eternidad para olvidarla. Si hasta entonces te odiaba por viejo y por feo, a partir de esa segunda noche ya tuve una razón definitiva para maldecirte con todas mis fuerzas. Para desearte las peores desgracias que pueden ocurrirle a un ser humano, Ugolino.

EL DUQUE UGOLINO
La peor ha sido no haber conseguido nunca que me quisieras. Vivir enloquecido de amor y de deseo por ti, sabiendo que me despreciabas. ¿No he pagado ya bastante? ¿Nunca me redimiré?

CONDESA DE LA SANTA CROCE
Nunca. Aunque pasaras la eternidad alimentando las llamas del infierno, Ugolino.

EL DUQUE UGOLINO
Me consuela saber que nos quemaremos juntos, esposa querida. Un odio tan inconmensurable, tan atroz, será tu perdición.

CONDESA DE LA SANTA CROCE
Sufriré menos viéndote sufrir, Ugolino. Y yo no estoy jugando a las mentiras, como vosotros. Yo digo la verdad.

X

LA PINTURA ES EL DIABLO

Los distraen de su diálogo las voces que se han elevado en el resto del grupo. Ugolino y Aminta se acercan a ellos.

BOCCACCIO

(Está perorando.) Ya sabéis por qué no permito cuadro ni tapiz alguno en las paredes de mis casas. Ni en Florencia, ni en Certaldo, ni en Villa Palmieri. Ni uno solo en las salas, pasillos, el comedor o la cocina. Mucho menos en el cuarto que duermo. Nunca consentiré que haya a mi alrededor cuadros que vigilen mi vida. Y mis sueños.

PÁNFILO

¿Teméis como los patarinos que los personajes de las pinturas, cuando cerráis los ojos, se corporicen y os hagan daño?

BOCCACCIO

Eso sería brujería barata. Reflexionad un poco. Los personajes de los cuadros están condenados a inmovilidad perpetua en sus cárceles de colores. Por eso ronda en todas las pinturas algo inquietante y amenazador. Es la única tesis de las viejas herejías de los patarinos y los cátaros que siempre me pareció aceptable. Coincido con su propuesta de destruir todos los cuadros y acabar para siempre con la raza maldita de los pintores. No lo hemos conseguido. Siguen allí y se multiplican como las cucarachas.

EL DUQUE UGOLINO
¿También vos sostenéis que el diablo mueve las manos de los artistas? La creía una superstición de gentes primitivas, no de un príncipe del conocimiento.

BOCCACCIO
Es una antigua creencia insinuada en la Biblia, que llegó hasta Dante y aparece en la *Comedia*. La comparto, sí: el demonio se manifiesta en las pinturas y, a través de ellas, gana almas para su causa.

FILOMENA
Sin embargo, hay casos en que la pintura ha servido para que se manifestara Dios, maestro don Giovanni. ¿Ignoráis lo que ocurrió con el bellísimo fresco de la Virgen que hay en la iglesia de la Santa Trinidad de Florencia?

Lo ignoro, sí.

FILOMENA

El monje que lo pintaba no conseguía dar al rostro de la Madona los rasgos y tonos que quería. Un día que se quedó dormido descubrió al despertar que, mientras descansaba, un ángel había bajado del cielo a terminar su obra. ¿Por qué creéis que la cara de la Madona de la Santa Trinidad tiene esa fulgurante belleza?

BOCCACCIO

¿Estás segura que fue un ángel quien acabó el fresco? La belleza no siempre es celestial, Filomena. Luzbel era el más bello de los ángeles.

PÁNFILO

La última vez que vi a Giorgio, mi amigo pintor, estaba preocupado porque la corporación de los farmacéuticos quiere expulsar a los pintores. Alguien descubrió que en sus pigmentos utilizan especies sospechosas, de origen pagano o brujeril.

BOCCACCIO

Infernal, dirás. Tal vez algunos pintores ignoren lo que hace Belcebú con ellos. Y, sin saberlo, practiquen un oficio que contagia a los seres humanos la soberbia diabólica de creer que la perfección está al alcance del hombre. Todavía es más grave desde que algunos, como el Giotto o Lorenzetti, intentan simular el fondo, añadir a la pintura una profundidad mentirosa. Se trata de una trampa metafísica y moral. Nos hace creer que los cuadros son la vida real, una confusión que aprovecha el demonio para sembrar la idea de que podemos producir cosas más bellas que las que Dios creó.

FILOMENA
¿No estamos haciendo algo parecido? ¿No simulamos a diario que nuestras fantasías son mejores que la vida verdadera?

BOCCACCIO
Nosotros sabemos que no es así, que estamos representando unas parodias, eso que tú y Pánfilo hacíais por las calles de Florencia. Los pintores no lo saben.

EL DUQUE UGOLINO
Como estamos mintiendo, acepto callado las barbaridades que decís, maestro Boccaccio. Pero no estoy de acuerdo con vos. La pintura halaga los sentidos y hace gozar. ¿Qué importa si algunos cuadros propagan la tentación? Los buenos cristianos sabrán resistirla. Los cuadros bellos son inmortales. Venid a mi

casa, os mostraré unas tablas pintadas por Filippo Lippi y me daréis la razón.

Mal ejemplo el de Filippo Lippi, Ugolino. Ese monje fue el demonio en persona. Dejó un reguero de mujeres seducidas y violadas por sus artes satánicas y coronó su vida escapándose con una monja de un convento de clausura de Prato. Se salvó de la hoguera de milagro. Si hay un pintor que justifica todas las sospechas de diabolismo es él. La belleza es fugitiva, como todo en la vida. Las figuras de las tablas y los lienzos también se afean.

Según mi amigo Giorgio, en las noches, cuando nadie los ve, los personajes de los cuadros comienzan a animarse. Pero no siempre se afean, a veces se embellecen. Depende de la lucha que entablan los ángeles y los demonios en cada cuadro. Se afean cuando ganan los diablos, se embellecen donde ganan los ángeles.

¿Los cuentos que contamos aquí no son como esas pinturas que vos llamáis diabólicas, maestro Boccaccio?

BOCCACCIO
No entiendo la comparación.

FILOMENA
Los grandes frescos, los grandes cuadros, también cuentan historias. ¿Qué son los martirios de los santos y sus milagros, la pasión y la muerte del Señor, la Anunciación a María? Sólo que en las pinturas no se mueven, están congeladas. En nuestras historias, en cambio, corre el tiempo.

EL DUQUE UGOLINO
¿Seríamos nosotros, entonces, como los pintores, instrumentos del demonio?

BOCCACCIO
La materia diabólica es la pintura, no los pintores. En cambio, la palabra es sagrada. Jesús se valió de ella, no de los pinceles, para difundir su verdad. Contar cuentos es un viaje a un mundo inmaterial, no afecta la vida del espíritu. En la fantasía podemos gozar de una libertad que no tenemos en la vida real. Y sin pecar.

FILOMENA
¿En el mundo de los cuentos no se peca, aunque en ellos ocurran toda clase de abominaciones?

BURGER KING⁹
16608

604-681-8895
821 Granville Street
Vancouver, British Columbia V6Z 1K7

ORDER 98

EAT IN

 WHOPPER CHS   9.49
*WHOPPER CHS
*MD FRY
*MD SPRITE

```
                        ----------
            SUBTOTAL        9.49
            GST 5% TAX      0.47
                        ----------
            TOTAL           9.95
            DEBIT           9.95
            CHANGE          0.00
```

```
============================================
```

HOW WAS IT?
TELL US AT
1-800-449-5578
CHECK ON BACK FOR FOOD OFFER.

KING DEALS, A DIFFERENT $1.99
SANDWICH EVERY DAY!!!!!!!!!!
Tue Jul 17 2018 05:29 PM T=01L I=4 C=322

COMPLETE OUR SURVEY **IN THE NEXT 48 HOURS**
IT'S BRIEF I PROMISE

YOU'LL GET A VALIDATION CODE, JUST WRITE IT DOWN
HERE:_____. THEN, RETURN ME TO A
PARTICIPATING **BURGER KING®** RESTAURANT. YOU'LL
ALSO NEED TO PURCHASE A SMALL, MEDIUM OR LARGE
SIZE DRINK **AND** FRIES AT REGULAR PRICE
PLUS APPLICABLE TAXES.

ENJOY YOUR FREE *WHOPPER®* SANDWICH

CHECK OUT THE RULES:
FOOD PURCHASE REQUIRED. VALIDATED RECEIPT GOOD FOR ONE
MONTH FROM DATE OF PURCHASE. NOT VALID WITH ANY OTHER OFFER.
NOT AVAILABLE TO EMPLOYEES OR THEIR FAMILIES. ONE SURVEY PER
GUEST PER MONTH. CASH VALUE 1/100¢.

WHOPPER® SANDWICH ☐9487
OR **ORIGINAL CHICKEN SANDWICH** ☐9494

VISIT **WWW.MYBKEXPERIENCE.COM**
COMPLETE OUR SURVEY **IN THE NEXT 48 HOURS**
IT'S BRIEF I PROMISE

YOU'LL GET A VALIDATION CODE, JUST WRITE IT DOWN

BOCCACCIO

Pecan los personajes, no los oyentes ni los lectores.

EL DUQUE UGOLINO

Si gozamos de tanta libertad al contar cuentos, por qué no nos aprovechamos de ella.

BOCCACCIO

¿De qué manera?

EL DUQUE UGOLINO

Por ejemplo, contando el cuento más depravado y perverso que se nos pase por la cabeza.

Se escucha, a lo lejos, la musiquilla de los cuentos.

SEGUNDA PARTE

XI
EL CUENTO MÁS
DEPRAVADO Y PERVERSO

CONDESA DE LA SANTA CROCE

(Adelantándose.) Me gusta la idea. Bienvenidos a mi mundo de ficción, amigos. Empiezo yo, si me lo permites, Ugolino. *(El rostro del duque se llena súbitamente de inquietud.)* Ésta es la historia del segundo día de la boda de una muchacha florentina pura como un lirio, inocente como un ángel...

EL DUQUE UGOLINO

(Abrumado, termina la frase.) ... y bella como la mismísima Virgen María cuando recibió la visita del arcángel Gabriel.

CONDESA DE LA SANTA CROCE

Se llamaba Aminta. *(Transformada, revive aquella escena, rechazando airada a su marido, que quiere abrazarla.)* ¡No me toques, maldito! ¡Aléjate, desgraciado!

EL DUQUE UGOLINO

(Más joven ahora, dominador, furioso y algo borracho.) Puedo tocarte y hacer contigo lo que quiera. Eres mi mujer, entiéndelo. Ante Dios y los hombres,

desde que bendijo nuestra unión el obispo de Florencia. Ayer te di gusto y me contuve, pero hoy haré valer mis derechos. Serás mía, si es necesario por la fuerza. Por si no lo sabes, de joven mi diversión preferida era domar a las yeguas bravas.

CONDESA DE LA SANTA CROCE

¡Sácame esas sucias manos de encima! Nunca seré tuya, antes muerta. Viejo horrible, asqueroso. Te odio, sapo. Jamás seré tu mujer. Si me violas, me vengaré. Pondré veneno en tu comida, te clavaré una daga cuando estés dormido. ¡Suéltame, ogro!

Forcejean un rato, hasta que, de pronto, el duque Ugolino resbala y rueda por el suelo. Se levanta indignado y, fuera de sí, golpea a Aminta, que cae a sus pies.

EL DUQUE UGOLINO

Durante tres años he hecho lo imposible por ganar tu corazón, cubriéndote de regalos, respetándote, adorándote. Ayer, después de casarnos como Dios manda, pude hacerte mía a la fuerza, pero cedí. Quería ganar, si no tu amor, al menos tu compasión. Ahora me insultas y me amenazas con matarme. ¿Ésa es tu última palabra?

CONDESA DE LA SANTA CROCE

(Incorporándose.) Aborto abominable, engendro del diablo. Mil veces morir antes que estar en tus brazos, viejo sucio, mono malvado.

EL DUQUE UGOLINO

(Lívido de ira, con la voz trémula.) Hay hombres más feos que yo en el mundo, condesita de la Santa Croce. Ya lo verás.

Filomena y Pánfilo han estado confeccionando un títere de gran tamaño: el monstruo Barbanto. Cuando lo terminan, se lo alcanzan a Boccaccio.

CONDESA DE LA SANTA CROCE

(Contando de nuevo.) Salió de la habitación y volvió un rato después, trayendo de la mano a un monstruo repelente, deforme, la cara llena de granos, pestilente, vestido con harapos, inmundo, con las uñas largas como las garras de un halcón. Se llamaba Barbanto. Tenía la mirada de un loco degenerado.

EL DUQUE UGOLINO

(Guía de la mano a Boccaccio y al títere monstruoso hacia Aminta. Barbanto parece mirar a la condesa atontado y excitado, babeando.) Ahí la tienes, Barbanto. Toda enterita para ti. Lo que oyes. Haz con ella lo que

quieras. Tíratela, como haces con las yeguas en el establo y con las perras en celo que encuentras por la calle. O, si prefieres sangre en vez de sexo, mátala. Es tuya, te la regalo.

Boccaccio, blandiendo al títere Barbanto, se precipita sobre Aminta. Ésta trata de defenderse de las embestidas bestiales del monstruo, ambos por el suelo. Pánfilo, Filomena y el duque Ugolino, después de observar un rato a la desigual pareja, aplauden, divertidos. Boccaccio se sacude el polvo y se reincorpora al grupo. La condesa de la Santa Croce se aparta y adopta esa actitud distante que suele ser la suya siempre que no está contando o representando alguna historia.

XII
ALIBECH ENTRE LOS ERMITAÑOS

PÁNFILO

Esta historia me recuerda la del monje Rústico y la manera como enseñó a una joven ingenua y virgen, llamada Alibech, a meter al diablo en el infierno. Fue hace muchos siglos, en la ciudad de Capsa, en Berbería, donde había un monasterio que atraía a peregrinos de toda la cristiandad. *(Señala a Filomena, que se convierte al instante en Alibech.)* La muchacha, que no era cristiana, se interesó un día en la fe de aquellos forasteros que acudían a ese monasterio. Y consultó a un hombre viejo y sabio de la ciudad.

FILOMENA

(Convertida en la ingenua Alibech, se acerca tímidamente al duque Ugolino, mudado en aquel hombre viejo y sabio de Capsa.) Perdonadme, señor, pero vos, que tenéis el don de la sabiduría, ¿podríais darme un consejo?

EL DUQUE UGOLINO

(Dulce y patriarcal.) Si está a mi alcance, de todo corazón. ¿Qué te preocupa, Alibech?

Quisiera servir a Dios yo también, como esos peregrinos que llegan aquí, a Capsa, a orar y quemar incienso en el monasterio. ¿Me podríais indicar dónde están los cristianos más santos y devotos para que me instruyan en esa fe que desconozco?

EL DUQUE UGOLINO
Los cristianos más santos y puros son los ermitaños, Alibech. Se han retirado del mundo, huyendo de las tentaciones. Han derrotado a los malos instintos y a los deseos de la carne. Viven dedicados a la oración y a la lectura piadosa, en los desiertos de la Tebaida. Pero eso está muy lejos y dudo que puedas llegar hasta allí.

FILOMENA
(Echándose a andar, apoyada en un báculo y con un atadito de ropa en las manos.) Llegaré, ya lo veréis. Soy muy buena caminante.

PÁNFILO
Dotada de una voluntad de hierro, la cándida Alibech cruzó el África hasta llegar al Medio Oriente. Pasó toda clase de penalidades, hambre, sed, miedo de los asaltantes y las fieras, de las caravanas de mercaderes y los traficantes de esclavos, de los forajidos que merodeaban en el desierto, hasta que llegó a las soledades de la Tebaida. En la primera cabañita que

vio, se acercó a un anciano al que encontró entregado a la meditación.

FILOMENA
(Acercándose a Giovanni Boccaccio, quien se ha transformado en el anciano anacoreta de la Tebaida.) Perdonadme, hombre santo. Vengo de muy lejos, en busca de ayuda. ¿Podríais darme un consejo? Quisiera dedicar mi vida a servir a Dios, a la manera de los cristianos. ¿Queréis aconsejarme la mejor manera de hacerlo?

BOCCACCIO
(El anciano de la Tebaida contempla, sin disimular su horror, las bellas formas de Alibech.) Yo no soy la persona que puede ayudarte en lo que buscas, hija mía. Anda más allá, al otro lado de aquella loma de tierra rojiza y rocas erizadas. Ahí vive un monje llamado Rústico. Ve donde él.

PÁNFILO
(Convertido en el joven monje Rústico de la Tebaida.) Y así, luego de cinco años de abstinencia, soledad, disciplinas y oración, la tentación llegó a mí. Inmediatamente que vi a Alibech comprendí que me la mandaba Dios para probar mi espíritu de templanza. *(Dirigiéndose a la joven Alibech, quien acaba de llegar a su cabaña.)* Buenos días, hija mía. Qué fatigada te

veo. Ven, reposa aquí, te traeré un poco de agua. ¿Qué hace en estas soledades, sin compañía alguna, una niña tan bella como tú?

FILOMENA
(Exhausta, dejándose caer en el suelo, junto al monje.)
Quiero que me enseñes la mejor manera de servir a Dios. He venido andando desde el otro lado del mundo para aprender a hacerlo. Me han dicho que tú eres un hombre bueno y perfecto que podría enseñarme. ¿Lo harás? Me llamo Alibech.

PÁNFILO
(Que no ha dejado de contemplar un solo segundo, con inocultable deseo, las formas de la hermosa muchacha.)
Haré lo que pueda, hija mía. Por lo pronto, instálate aquí. Ya ves que soy muy pobre. Tendremos que compartir el jergón donde duermo. Y los mendrugos que constituyen mi alimento. Resistiremos juntos las tentaciones del diablo. *(Volviéndose ahora a sus compañeros, que lo escuchan muy atentos.)* No fue fácil resistirlas, amigos. Alibech era un ser puro y no sabía nada del pecado carnal. Yo, en cambio, sí. Ya de día era difícil vencer el deseo que me asaltaba de tocar, besar y acariciar a ese ser dulce, que no vacilaba en ponerse a mi alcance sin sospechar las llamas que me quemaban cuando la tenía cerca. En las noches era muchísimo peor, sintiendo su cuerpecito pegado al mío en el estrecho camastro donde dormíamos. Sudaba frío, tem-

166

blaba, el corazón se me salía por la boca. Hasta que, un día, mejor dicho una noche, sucumbí. ¡Alibech! ¡Alibech!

FILOMENA

¿Qué te pasa, padre Rústico? ¿Por qué estás sudando? ¿Por qué tiemblas de pies a cabeza? ¿Qué es eso, duro y largo, que te sale de entre las piernas? ¿Es esto lo que los cristianos llamáis la resurrección de la carne?

PÁNFILO

No, hija mía, eso que ves es nada menos que el diablo. Sí, el mismísimo Satanás. Y no te puedes imaginar los tormentos que el Maligno me hace padecer en este mismo momento.

FILOMENA

¿Y por qué carezco yo de él, padre Rústico?

PÁNFILO

Porque tú tienes otra cosa, Alibech. No el diablo, sino el infierno. Y no sabes qué gran servicio me prestarías si me ayudaras a meter allí a mi diablo. ¡Cómo aliviaría mi espíritu! Dios nos recompensaría a ambos, pues nada place tanto a Nuestro Señor como que los creyentes pongan al demonio donde debe estar.

Pues hagámoslo sin pérdida de tiempo. Para eso he venido hasta la Tebaida, padre Rústico.

El monje Rústico y la joven Alibech meten al diablo en el infierno varias veces observados por Boccaccio, el duque Ugolino y la condesa de la Santa Croce, hasta que Pánfilo comienza a dar muestras de fatiga.

PÁNFILO
Alibech, Alibech, no exageres. No se debe hacer esto todo el tiempo. A Dios no le gustan los excesos de ningún orden.

FILOMENA
Pero, padre Rústico, cómo no le va a gustar a Nuestro Señor que regresemos al diablo al infierno. ¿No sería peor dejarlo suelto haciendo de las suyas por el mundo? Metámoslo, metámoslo.

Pánfilo, resignado, se presta una vez más a la pantomima de meter al diablo en el infierno. Se lo nota agotado y harto.

PÁNFILO

(Convertido de nuevo en narrador ante sus compañeros.) El pobre Rústico enflaquecía y se iba marchitando cada día más ante el celo de la nueva conversa. Hubiera muerto de agotamiento si no llegaba hasta la Tebaida la noticia de que el padre de Alibech había fallecido en Capsa, dejándola heredera de una fortuna. Así que la muchacha emprendió el regreso a Berbería.

FILOMENA

(Melancólica.) ¿Por qué todas las historias que contamos tienen que ser sucias como la del monje Rústico y la cándida Alibech? ¿No hay historias de amor limpias y puras?

BOCCACCIO

No, Filomena. Todo lo que toca al amor termina siempre en humores viscosos, violencia y fornicación.

EL DUQUE UGOLINO

(Pensativo.) Violencia y fornicación... Ésa es la vida y los cristianos tenemos que aceptarla tal como es.

XIII
EL MAL DEL DELICADO GUALTIERI

FILOMENA

Perdonad, maestro Boccaccio, pero creo que os equivocáis. Acabo de recordar una historia de amor tan limpia como una cascada cristalina. ¿Os la cuento?

Todos asienten a la vez que empiezan a disfrazarse, para encarnar a los personajes de este relato. Se eleva, a lo lejos, la musiquilla de los cuentos.

FILOMENA

Ocurrió allá lejos, en Flandes. El hijo preferido de los condes de Amberes, Gualtieri, su primogénito, cayó un día muy enfermo, presa de un mal misterioso.

Pánfilo, convertido en Gualtieri, cae al suelo, y Ugolino y Aminta, la condesa de la Santa Croce, transformados en los condes de Amberes, rodean su lecho, abrumados por lo que le ocurre a su hijo adorado.

173

FILOMENA

Los mejores médicos de Flandes fueron llamados a su cabecera, sin que ninguno diera con el mal que lo aquejaba. El joven Gualtieri, perdido el apetito, pálido, sumido en una melancolía profunda, iba apagándose sin remedio. Las misas, las rogativas de los conventos, las procesiones, todo era en vano. Hasta que un día alguien recomendó a los condes a un médico con fama de excéntrico que atendía a los pobres en los barrios miserables de Amberes. El conde fue a buscarlo.

EL DUQUE UGOLINO

(Dirigiéndose a Boccaccio, convertido en el misterioso médico de los arrabales de Amberes.) Sé que tienes fama de brujo y milagrero, buen hombre. Sé también que la Iglesia te sigue los pasos y se propone abrirte un proceso. No me importa. Si salvas a mi hijo, vivirás el resto de tu vida muy seguro. Y te llenaré de riquezas a ti y a los tuyos.

CONDESA DE LA SANTA CROCE

Te daremos lo que nos pidas, te cubriremos de honores, te estaremos agradecidos para siempre. ¡Salva a nuestro hijo por lo que más quieras!

BOCCACCIO

(Convertido en el médico de Amberes.) No me interesan el dinero ni la gloria, señores condes. Sólo as-

piro a salvar mi alma del fuego eterno. Haré cuanto esté al alcance de mi pobre ciencia por la salud de vuestro hijo. Llevadme junto a él.

Los condes guiaron al médico hasta el lecho donde yacía el joven Gualtieri. El excéntrico doctor se sentó a su lado y, sin decir palabra, comenzó a observarlo.

Boccaccio examina a Pánfilo, haciéndole abrir los ojos, sacar la lengua, le toma el pulso, pega su oído a su pecho, y no le quita la vista de encima. Todas las acciones de esta escena son exageradas, «teatrales». Filomena, convertida en una mucama del palacio de los condes de Amberes, trae una jarra de agua, que acerca a la cama donde yace Gualtieri. Mientras, sigue contando.

FILOMENA
El doctor se pasó allí muchos días, observando al joven, casi sin comer ni dormir. Hasta que, de pronto, algo le llamó la atención.

BOCCACCIO
Señores condes, ¿queréis decirme cómo se llama esa mucama que entra de tanto en tanto a la alcoba trayendo agua y refrescos al doliente?

CONDESA DE LA SANTA CROCE
(Señalando a Filomena.) ¿Te refieres a Giannetta?

BOCCACCIO
Sí, a ella misma. *(Pausa.)* Haremos una prueba. Ven para acá, Giannetta. Acércate a la cama de Gualtieri con esa palangana de agua. Así, muy bien. Ahora, sírvele un vaso y dáselo a beber, inclinándote sobre él. Pásale la mano por los cabellos a manera de despedida y luego márchate.

Filomena hace lo que le ha ordenado Boccaccio, que tiene tomado el pulso del enfermo. Cuando ella se acerca al lecho, el joven Gualtieri da vivas muestras de inquietud: denota más vigor, sonríe, su respiración es intensa, su pecho se hincha y deshincha. Boccaccio, soltando el brazo del joven, se dirige a los condes de Amberes, que han observado asombrados la agitación de su hijo cuando tenía a Giannetta a su lado.

BOCCACCIO
El cuerpo del joven Gualtieri está tan sano como el vuestro, señores condes. Es su espíritu el enfermo. Enfermo de amor, como habréis advertido. Una enfermedad que por fortuna tiene curación. Está enamorado de esa bella camarera que se llama Giannetta. ¿Cómo lo descubrí? Porque cada vez que ella entra a la

alcoba trayendo agua, el corazón de vuestro hijo se desboca y su pulso se echa a correr. Gualtieri es un joven tímido, sin duda, y, consciente de la diferencia de rango que hay entre él y la mucama, ha refrenado sus sentimientos para no daros un disgusto. Ese sacrificio está acabando con su vida. Si queréis que se recupere, sólo hay un remedio: casadlo con Giannetta.

FILOMENA

Es lo que hicieron los condes de Amberes, para devolver a su hijo la vida que se le estaba escurriendo. *(Mientras Filomena narra, va ocurriendo la escena que ella describe.)* Admitieron la boda pese a la diferencia social de los novios. El joven Gualtieri recuperó las fuerzas y el amor a la vida. Él y Giannetta se casaron, tuvieron muchos hijos y fueron felices. El médico que le devolvió la salud regresó a curar a los pobres y no aceptó dádivas ni honores de los condes. ¿No es ésta una historia de amor limpia y pura, maestro Boccaccio?

Todos aplauden a Filomena.

XIV
MASETTO ENTRE LAS MONJAS

Pánfilo ha experimentado entre tanto una importante transformación. Ha dejado de ser el joven tímido y aristócrata que era cuando encarnaba a Gualtieri de Amberes y se ha disfrazado de un campesinote rudo y chusco de la campiña toscana. Sus compañeros lo observan intrigados.

BOCCACCIO
¿Quién eres ahora, Pánfilo?

PÁNFILO
(Representa lo que va contando.) Mi nombre es Masetto de Lamporecchio. Trabajo la tierra con mis manos desde que tengo uso de razón y no he recibido otra educación que el catecismo. Un día llegó a mi pueblo un viejo que había sido toda su vida jardinero en un convento de monjas de clausura.

EL DUQUE UGOLINO
(Convertido en el viejo de Lamporecchio.) Vivir allí era el paraíso, Masetto. Porque, aunque la faena fuera

181

dura, se comía muy bien. Y había entre las monjitas muchas jóvenes carnosas que hacían la felicidad de mis ojos. La abadesa busca a alguien que me reemplace. Lástima que no puedas serlo tú, pues el nuevo jardinero tiene que ser sordomudo, para que su conversación no distraiga a las monjas, sea incapaz de decir obscenidades y no pueda contar lo que ocurre dentro del convento.

PÁNFILO
Entonces, me volví sordomudo y fui a ofrecerme como jardinero de las monjitas. Me recibió la abadesa.

BOCCACCIO
(Convertido en la abadesa del convento.) Pasa, pasa, hijo mío. ¿O sea que Dios te hizo sordo y mudo de nacimiento? Pues sería para tu fortuna, el buen Dios sabe muy bien lo que hace con los pecadores de este mundo.

Pánfilo asiente con convicción y haciendo reverencias.

BOCCACCIO
¿Tienes experiencia como jardinero?

Pánfilo asiente y muestra, con gestos y mímica, que sabe podar, regar, cortar árboles, cuidar las flores.

BOCCACCIO

Está bien, Masetto. Ése es tu nombre, ¿no? Te pondremos a prueba y, si lo haces bien y demuestras ser un buen cristiano, serás el nuevo jardinero de esta santa casa.

Pánfilo da grandes manifestaciones de alegría, se santigua y se pone a cuidar el jardín con entusiasmo.

PÁNFILO

(A sus compañeros.) Lo hice tan bien que me dieron el trabajo. La vida se volvió grata. Comía hasta hartarme. Había mucho que hacer y todo el día las hermanas me daban mandados. Además de jardinero, fui carpintero, albañil, barredor, cargador y todo lo que se les ocurría a las monjitas. Cierto, muchas eran jóvenes y apetitosas. Yo me solazaba contemplándolas. Una tarde que me había puesto a descansar, tumbado en el jardín, dos de ellas se detuvieron a mi lado, creyéndome dormido.

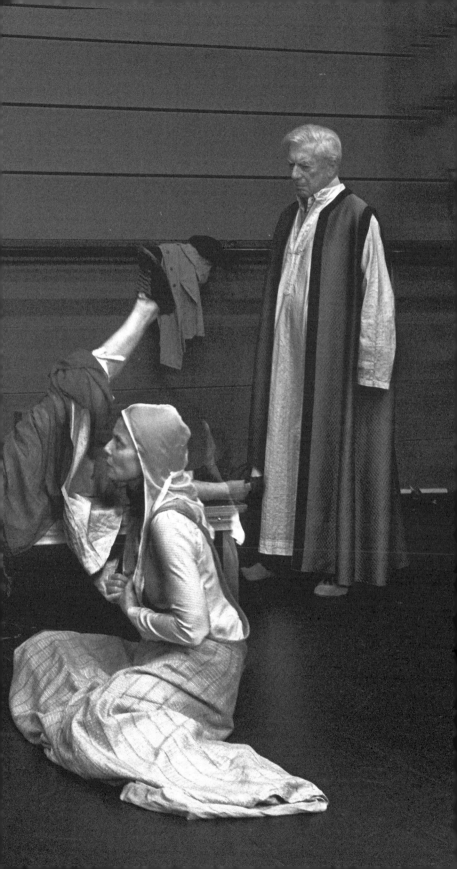

Filomena y la condesa de la Santa Croce, convertidas en las dos monjitas, contemplan al robusto Masetto, que parece entregado a la siesta.

FILOMENA

Si me prometes que no se lo dirás a nadie, te contaré la idea que me anda rondando por la cabeza, hermana.

CONDESA DE LA SANTA CROCE

Por supuesto que no se lo diré a nadie, hermanita. No soy una correveidile de esas que abundan en esta casa de locas. ¿Qué te da vueltas por esa cabecita?

FILOMENA

(Ruborizada, medio muerta de vergüenza.) A muchas señoras he oído decir que todas las alegrías y dulzuras del mundo son una broma en comparación con lo que sienten las mujeres cuando el hombre hace con ellas... eso que hacen los hombres con las mujeres.

CONDESA DE LA SANTA CROCE

(Muerta de risa y picardía.) Yo también he oído cosas parecidas, hermanita. ¿Pero, cómo podríamos enterarnos si eso es cierto? Esas cosas no existen para nosotras.

FILOMENA

Tal vez podrían existir, hermana. *(Señalando al dormido Masetto.)* Ésa es justamente la idea que me revolotea en la cabeza. Averiguar si aquello es cierto con el pobre Masetto. Será un rústico, pero es joven, fuerte y sano. Además, siendo sordomudo, nunca podrá contar a nadie lo que ocurra. ¿Qué te parece, hermana? ¿Te atreverías?

CONDESA DE LA SANTA CROCE

¡Qué fantasía tan osada, hermanita! ¿No hemos hecho acaso la promesa de consagrar nuestra virginidad al Señor?

FILOMENA

El Señor es tan misericordioso que, puedes estar segura, nos perdonará. Además, el nuestro no será un pecado de concupiscencia sino de curiosidad. ¿Te animas, hermana?

CONDESA DE LA SANTA CROCE

Sí, sí, ardo de impaciencia por averiguarlo. Hagámoslo, hermanita. ¿Pero cómo? ¿Cuándo? ¿Dónde?

FILOMENA

Aquí y ahora mismo. Aprovechando que es la hora nona y que las hermanas duermen la siesta. *(Ha-*

187

ciendo ambas lo que Filomena va proponiendo que hagan.) Despertémoslo. «¡Eh, Masetto! Despierta, buen hombre, despierta.» Sonriámosle para que entre en confianza. «Sí, sí, Masetto, hijo de Dios, ven con nosotras. No temas, síguenos, nada malo te ha de pasar. Vamos a la cabañita donde te refugias cuando llueve. Aquí, aquí. No tengas miedo, Masetto. No te haremos daño alguno.» Ahora, mientras una de las dos entra con él, la otra se quedará en la puerta vigilando. ¿Quieres pasar primero, hermana? Mira qué nervioso y excitado se ha puesto el jardinero. Se le cae la baba y se le va levantando la bombacha. Ay, qué risa, hermana. Creo que ha comprendido, no hay que explicarle nada más. Pobrecito, qué inocente es. Se ha puesto como un niño con un juguete nuevo.

Pánfilo, acezando como un macho cabrío, se lanza sobre las dos hermanas y las ama, mientras va explicando al resto de la compañía.

PÁNFILO

Así comenzó todo. Con esas dos hermanas que querían saber si lo que hacen los hombres con las mujeres es la cosa más dulce y placentera de la vida. Debieron quedar convencidas de que era cierto porque, desde entonces, muchas tardes y noches y amaneceres, me arrastraron a la cabaña de la lluvia. No fueron las únicas. Se pasarían el secreto unas a otras, imagino. Y a todas se les despertó la misma curiosidad. Pronto descubrí que mi trabajo de jardinero y hombre para todo servicio no era mi principal ocupación, sino tener a las hermanas del convento satisfechas y contentas. Un día, la mismísima abadesa...

BOCCACCIO

(Convertido en abadesa, se pone a contemplar con ojos maliciosos a Masetto, que duerme, o simula dormir, tumbado en el jardín. De pronto, luego de mirar alrededor y comprobar que no hay nadie cerca, se levanta las faldas y se sienta encima del jardinero.) Despierta, jardinerito, despierta. Aprovecha un momento de debilidad de esta abadesa que al fin y al cabo es también de carne y hueso. Sí, ahí donde me ves, bajo estos hábitos sagrados, hay una mujer entera. ¡Cabalga, Masetto, cabalga! ¡Arre, arre, jardinerito!

PÁNFILO

No puedo, madre abadesa. Le ruego que me perdone, santa señora, pero mis pobres fuerzas ya no me dan para tanto cabalgar. Un gallo puede montar a diez gallinas, pero yo no tengo tantas plumas. El pobre Masetto no puede ocuparse de todo un convento, sea dicho con perdón de Nuestro Señor.

BOCCACCIO

(Totalmente posesionado de su papel de abadesa, da un grito de sorpresa y se pone de pie, estupefacta, con los

brazos elevados al cielo.) ¡Milagro! ¡Milagro! ¡Has recuperado el oído y la voz, jardinerito! Nuestro Señor Jesucristo se apiadó de ti, Masetto, y en su infinita misericordia ha querido dar gloria eterna a esta casa de Dios. Ponte de rodillas y agradezcamos este milagro al Padre, al Hijo y al Espíritu Santo.

Mientras la abadesa y Masetto, de rodillas, rezan piadosamente, agradeciendo el milagro, Pánfilo va explicando a sus compañeros qué pasó luego de que el jardinero recuperara el oído y la voz.

PÁNFILO

Tuve que contarle todo a la madre abadesa. Ella, feliz con el milagro que daría fama e indulgencias plenarias al convento, me perdonó y perdonó a las monjitas sus pecadillos de curiosidad. Desde entonces, instaló un régimen menos desordenado, para que Masetto no tuviera que atender a las monjitas de forma tan atolondrada. A partir de ese día, todo se hizo de manera armoniosa, por turnos. Corrieron los años. El convento se fue llenando de niñas y niños angelicales que alegraban los claustros con sus risas y trajines. ¡Otro milagro del buen Dios! Masetto tuvo una vejez reposada. Cuando murió, la abadesa, con permiso del Papa, hizo que el jardinero fuera enterrado en el pequeño cementerio del convento donde hasta entonces sólo reposaban las hermanas. Justo premio a quien las había servido en esta vida con tanta constancia y lealtad. Quién sabe si —todo es posible para Nuestro Todopoderoso Creador— habrá seguido sirviéndolas con el mismo cariño en el más allá.

Boccaccio, el duque Ugolino, la condesa de la Santa Croce y Filomena aplauden el relato de Pánfilo.

XV
LA DONCELLA
Y EL RUISEÑOR

Se escucha la musiquilla que anuncia las historias.

EL DUQUE UGOLINO
¿Conocéis la historia de la bella Catarina y el ruiseñor? Ocurrió en Romagna, no hace demasiado tiempo. Yo, de joven, llegué a conocer a sus protagonistas. Me refiero a los padres de Catarina, el caballero Lizio de Valbona y su esposa, dama Giacomina. Una pareja de alcurnia y fortuna, respetada en toda la región por su vida virtuosa. Pero arrastraban una gran desgracia, pues pasaban los años y Dios no les mandaba el hijo o la hija que soñaban con tener.

Convertidos en Lizio de Valbona y su esposa Giacomina, Giovanni Boccaccio y la condesa de la Santa Croce ruegan a la Virgen y a todos los santos del cielo que les concedan un heredero.

EL DUQUE UGOLINO
Hasta que un día Nuestro Señor se conmovió y dama Giacomina quedó encinta. Nueve meses después dio a luz una niña preciosa a la que llamaron Catarina.

Convertida en Catarina, Filomena es una ni-
ñita de pocos años, una niña que crece y juega y
acariña a sus padres, hasta convertirse en una
bella adolescente.

EL DUQUE UGOLINO

Cuidada y engreída por sus padres, la joven recibió una educación esmerada. Pero, al llegar a la edad
del fuego, a Catarina no le bastaron las lecciones de
música y bordado, ni los mimos y regalos de sus padres,
ni las devociones de la religión. Necesitaba el amor.
Y el amor llegó a ella encarnado en el joven Ricardo
de Brettinoro, que frecuentaba la mansión de los Valbona y, cómo no, se había enamorado también de la
doncella de la casa. Ambos se amaban y sufrían por
no poder verse nunca a solas.

Pánfilo, convertido en Ricardo de Brettinoro,
mirando angustiosamente en torno, se arrodilla
para besar las manos de Catarina, que lo mira
con dulzura.

PÁNFILO

Catarina, reina mía, no puedo seguir así, viéndote sólo a ratitos y a escondidas. Yo te amo, te necesito,
eres el aire sin el cual no puedo vivir.

FILOMENA

(Acariciándolo.) Yo también te amo, Ricardo. Me paso las noches en vela, pensando en ti y, cuando consigo el descanso, te me apareces en el sueño y me acaricias y me besas como ahora.

PÁNFILO

(Acariciándola.) Por supuesto que te beso y te acaricio en mis sueños cada noche, amor mío. Pero, Catarina, eso no le basta a mi amor. Yo quiero besarte y acariciarte de verdad, con estas manos y estos labios. ¿No puedes inventar algo para que pasemos unas horas juntos, amándonos?

FILOMENA

(Con picardía.) Lo intentaré, Ricardo, cielo mío. Ten un poco de paciencia. *(Y Catarina comienza inmediatamente a dar muestras de sentir mucho calor ante sus preocupados padres.)* No sé qué me pasa, madre, pero últimamente me paso todas las noches en vela.

CONDESA DE LA SANTA CROCE

¿Por qué no puedes dormir, hija mía?

FILOMENA

Por culpa del calor, madre. Me revuelvo en la cama, agobiada, y al amanecer tengo toda la camisa y las sábanas empapadas por la transpiración.

BOCCACCIO

¡Qué dices, Catarina! Si ha comenzado ya a correr el viento que sube del mar y hasta hace un poco de frío en las noches. Nosotros hemos tenido que añadir unas mantas a la cama. ¡Cómo vas a sentir calor! A lo mejor estás enferma. Llamaré a los físicos.

FILOMENA

No, padre, no, estoy sana, te lo juro. Nunca me he sentido mejor. El clima no es lo mismo para los mayores, padre querido. Los jóvenes tenemos la sangre más caliente y sentimos calor cuando vosotros sentís frío.

CONDESA DE LA SANTA CROCE

Vaya cosas que se te ocurren, Catarina.

FILOMENA

(Llena de mimos con su padre.) Dame gusto, padre, tú siempre has sido tan bueno conmigo. Déjame dormir en la terraza, sintiendo el fresco de la noche. Estoy segura que así dormiré como una marmota. Hace mucho tiempo que sueño con que me despierten los trinos del ruiseñor. En la terraza lo oiré desde el alba y tal vez venga a cantar a los pies de mi cama.

Te puede dar un resfrío de caballo, te pueden picar los bichos. Cómo vas a dormir al aire libre, qué antojo más absurdo, Catarina.

FILOMENA

No me pasará nada, mamita querida. Si a mí nunca me pican los mosquitos ni las arañas. No me ocurrirá nada, ya verás. Dormiré sin despertarme y será maravilloso abrir los ojos con las primeras luces del día, arrullada por el canto de los pajarillos.

EL DUQUE UGOLINO

Insistió tanto la bella Catarina, que el caballero Lizio de Valbona y dama Giacomina le dieron gusto.

En la escena va ocurriendo lo que cuenta el duque Ugolino.

EL DUQUE UGOLINO

Le armaron una pequeña alcoba en la terraza y rodearon su cama con un biombo. Catarina se apresuró a hacer saber a Ricardo que por fin podrían pasar una noche juntos. El joven de Brettinoro, exaltado, se apostó al pie de la terraza. Cuando oscureció, trepó ágilmente por unos árboles hasta donde lo esperaba su amada. Sin pérdida de tiempo, ambos jóvenes se despojaron de sus vestiduras y se entregaron al amor.

Filomena y Pánfilo, desnudos en la improvisada alcoba, se aman mientras el duque Ugolino prosigue su relato.

EL DUQUE UGOLINO
Con las primeras luces del alba, el caballero Lizio de Valbona se despertó. Preocupado por saber cómo habría pasado la noche su hija Catarina, fue en puntas de pie a la terraza. Lo que vio lo dejó estupefacto.

Boccaccio, convertido en el señor Lizio de Valbona, abre los ojos como platos y boquiabierto contempla a su hija y a Ricardo, desnudos, profundamente dormidos y enlazados. Sin hacer ruido, el caballero acerca la cabeza y comprueba que Catarina tiene entre sus manos el ruiseñor de su amante. Siempre silencioso, regresa a la casa a despertar a su esposa.

BOCCACCIO
Despierta, Giacomina. Sí, sí, soy yo, no te asustes.

CONDESA DE LA SANTA CROCE
(Muy asustada, levantándose de prisa.) Dímelo de
una vez, qué le ha pasado a Catarina.

BOCCACCIO
(Llevándola del brazo hacia la terraza.) No, no se
ha resfriado, nada de eso, cálmate, esposa. Catarina
nos dijo que quería oír cantar al ruiseñor, ¿recuerdas?
Pero no nos dijo que quería también cogerlo y calen-
tarlo entre las manos. Calla, no grites, mira no más.

*La condesa de la Santa Croce queda demudada
cuando ve a su hija Catarina y a Ricardo desnudos y enlazados, y a aquélla con el ruiseñor de
su pretendiente entre las manos. El resto de la
escena se realiza en silencio, con el señor Lizio
de Valbona y dama Giacomina y los dos jóvenes,
mimando lo que el duque Ugolino va narrando.*

EL DUQUE UGOLINO
En lugar de hacer un escándalo y matar a Ricardo
de Brettinoro por haber ofendido su casa y su honor,
el señor de Valbona, hombre práctico, despertó a los
jóvenes. Éstos se llevaron el susto de sus vidas. El dueño de casa los amonestó y exigió que el doncel despo-
sara de inmediato a Catarina para lavar su mancillado
nombre.

Los jóvenes van representando con mímica y ademanes la escena que describe el duque Ugolino.

EL DUQUE UGOLINO

Ni que decir que Ricardo aceptó encantado la penitencia que le impuso el señor de Valbona. El matrimonio se llevó a cabo en el acto, sin que la pareja tuviera siquiera tiempo de vestirse. Ofició de casamentero el padre de la novia. Luego, con cierto sentido del humor, dijo a los flamantes esposos:

BOCCACCIO

(Burlón.) Como sin duda estáis muy fatigados con la mala noche y sois ya marido y mujer ante Dios, podéis seguir descansando un rato más.

EL DUQUE UGOLINO

Unos días después se celebró la boda oficial de la pareja, ceremoniosa y pública. Y ambos jóvenes tuvieron un matrimonio largo y feliz, con muchos hijos, bendecido sin duda por el canto sonoro de los ruiseñores.

Todos aplauden el relato del duque Ugolino.

XVI
LA MUCHACHA
Y LOS MASTINES

BOCCACCIO

Tengo una curiosidad. ¿Qué pasó luego de aquel día en el que el marido de la condesa de la Santa Croce, en vista de que ella se negaba a dejar que se consumara el matrimonio, la entregó al monstruo Barbanto, que casi la despedazó con su verga descomunal?

EL DUQUE UGOLINO

(Contando como a la fuerza, descompuesto de disgusto.) El duque se arrepintió, porque el amor que sentía por Aminta era más grande que su orgullo y su sentido del honor. Ordenó decapitar a Barbanto y echar su cadáver al fuego. E hizo lo posible y lo imposible para que ella lo perdonara.

CONDESA DE LA SANTA CROCE

Para la condesa, había llegado la hora del desquite. Pese al suplicio que sufrió en manos de Barbanto, se negó a entregarse al duque. Loco de desesperación *(el duque Ugolino va mimando lo que ella describe: se arrodilla, llora, pide perdón, besa el suelo que ella pisa),* la cubría de regalos, imploraba su perdón, lloraba, le alcanzaba un látigo para que ella lo flagelara, se humillaba hasta lo indecible para que ella olvidara lo ocurrido. La condesa paladeaba cada segundo el exquisito placer de la venganza.

Se eleva la musiquilla de los cuentos.

EL DUQUE UGOLINO

Deshecho por el remordimiento, decidí dejar Florencia por un tiempo, a ver si la distancia me ayudaba a olvidar. Partí sin ayuda de cámara ni palafrenero. Me refugié en Rávena, donde nadie me conocía. Hice penitencia, confesé a un monje santo la crueldad que había cometido, me arrepentí mil veces de la historia de Barbanto. Con el paso de los días, empecé a sentir que mi esposa se iba apartando de mi memoria y a creer que se alejaría también de mi corazón. Hasta aquella mañana. Había salido a pasear por unos bosques de pinos en las afueras de la aldea de Chiassi. De pronto, escuché unos horribles ladridos y los gritos desesperados de una mujer.

Convertidos en dos mastines rabiosos, a cuatro patas, el duque Ugolino y Giovanni Boccaccio, con las fauces abiertas, ladrando furiosos, se abalanzan sobre Filomena y comienzan a morderla y a comérsela viva. Cuando la han dejado muerta, aparece el caballero Guido de Anastagi, en el que acaba de convertirse Pánfilo. Recobrando su forma humana, el duque Ugolino le afea su proceder.

EL DUQUE UGOLINO
¡Cobarde! ¡Infame! Has hecho que tus mastines destrocen a esta pobre muchacha y esa vileza la vas a pagar. ¡Saca tu espada y pelea o te mataré como a la basura humana que eres!

PÁNFILO
(Convertido en Guido de Anastagi.) Cálmate, Ugolino. No puedes hacerme nada, porque no vivimos en el mismo mundo. Soy sólo el espectro del que fue en vida el caballero Guido de Anastagi, que murió de amor por la indiferencia y la crueldad de Giulia, esta muchacha que acaban de devorar mis mastines. Ella fue conmigo tan injusta como lo es contigo tu esposa, la condesita de la Santa Croce, con la que cometiste la locura de casarte y a la que todavía no consigues poseer. Por eso mismo condenó Dios a Giulia. Ella habita ahora en los infiernos. Dios la ha castigado haciendo que, todos los viernes del año, recupere por unas horas la forma humana para recibir el suplicio que acabas de presenciar. Me ha encargado a mí que la someta a esta ordalía. Consuélate de los sufrimientos que te inflige Aminta, pensando que en la otra vida ella pagará su indiferencia como la está pagando Giulia.

209

CONDESA DE LA SANTA CROCE

El duque Ugolino regresó de aquel viaje a Rávena, donde había ido a curarse de la pena de amor, hecho un manso corderito.

EL DUQUE UGOLINO

Nunca más te pediré que me dejes tocarte, Aminta. Desde ahora me conformaré con el régimen que has impuesto en nuestro matrimonio. Cuartos separados y jamás me acercaré a menos de un metro de distancia de ti. Seré siempre cortés y discreto. Obedeceré todas tus órdenes y haré que se cumplan todos tus caprichos. ¿Te parece bien?

CONDESA DE LA SANTA CROCE

Me parecería todavía mejor si, además, te enfermaras con una de esas enfermedades atroces como la lepra y te fueras deshaciendo poco a poco en medio de suplicios indecibles.

EL DUQUE UGOLINO

(Como si no la hubiera oído.) Sólo una cosa quisiera proponerte. Que me acompañes por unos días a Rávena. Me gustaría que vieras el más extraordinario espectáculo que me ha tocado ver en la vida. Te interesará, te lo juro.

CONDESA DE LA SANTA CROCE

(Narrando.) Mi curiosidad fue más grande que mi prudencia. Y, pese a que algo me decía que era una trampa, acepté la invitación de mi marido. Fuimos a Rávena. Llegamos allí un jueves y nos alojamos en un albergue, en cuartos separados. A la mañana siguiente, cortés y respetuoso, Ugolino me llevó a la aldea de Chiassi, en cuyas afueras hay una pineda de árboles tan tupidos que casi ocultan la luz del cielo. Yo estaba curiosa y asustada. En eso, oí los gritos de una mujer y unos ladridos rabiosos.

Filomena, convertida en Giulia, aparece corriendo y dando gritos, seguida por el duque Ugolino y Giovanni Boccaccio, que, convertidos en los dos feroces mastines del caballero Guido de Anastagi, ladrando y brincando se precipitan sobre la muchacha y, ante los ojos despavoridos de Aminta, la despedazan.

PÁNFILO

(Dirigiéndose a Aminta, que lo escucha aterrorizada.) La suerte atroz que has visto correr a Giulia, mi amada cuando éramos del mundo de los vivos, se la ha infligido Dios, en la otra vida, por hacerme sufrir como haces sufrir tú a tu esposo y marido, Aminta. Una suerte parecida te espera cuando mueras, si persistes en despreciar y humillar día y noche a un hombre cuya sola falta es amarte más que a su propia vida. *(Pausa.)*

Ahora Giulia y yo debemos regresar a nuestra eterna morada y cada viernes seguiremos representando este espectáculo hasta el fin de la eternidad, que no tiene fin.

Fuera de sí, restregándose los brazos, mirando a derecha e izquierda, arriba y abajo, en busca de una ayuda que nunca vendrá, la condesa de la Santa Croce delata vacilaciones terribles. Por fin toma una decisión, y, santiguándose, se echa en brazos del duque Ugolino. Mientras los esposos se besan en un beso largo y profundo, Boccaccio, Pánfilo y Filomena aplauden, divertidos.

XVII
EL HALCÓN

CONDESA DE LA SANTA CROCE

(Apartándose de su marido y dirigiéndose al grupo mientras, a lo lejos, suena la musiquilla de los cuentos.) Es verdad que todas las historias no tienen por qué ser atroces, aunque la mía lo sea. Las hay tiernas, que sugieren un mundo de refinados sentimientos y gran cuidado de las formas.

BOCCACCIO

Hablando de guardar las formas, comienza por presentarte. ¿Quién eres, fantasma de mujer?

CONDESA DE LA SANTA CROCE

Mi nombre es Giovanna. Vivo en Florencia. Estoy casada con un caballero de la ciudad que se dedica al comercio. Acabamos de tener un hijo. Todo en mi vida es, hasta este momento, placentero. Pero un día...

PÁNFILO

(Adelantándose, con una venia.) ... aparecí yo en la vida de dama Giovanna. Me llamo Federico y pertenezco al linaje noble de los Alberighi. He heredado

una gran fortuna. El porvenir me sonríe. Pero, todo cambia para mí desde el instante en que veo, saliendo de misa, de la iglesia del Santo Spirito, a la mujer más bella del mundo. *(Queda petrificado al ver salir de la iglesia a la condesa de la Santa Croce convertida ahora en dama Giovanna.)*

CONDESA DE LA SANTA CROCE

Desde aquella mañana que el joven Federico de Alberighi me vio en la iglesia de Santo Spirito, mi vida tranquila se volvió angustiosa, por el asedio frenético a que me sometió.

PÁNFILO

Ver, hablar, hacer sonreír a dama Giovanna, escuchar su voz, poder decirle la pasión que había despertado en mí, rogarle que me dejara amarla se convirtió en la razón de mi vida.

CONDESA DE LA SANTA CROCE

Federico se hizo amigo de mi esposo para frecuentar mi casa. Se asoció en varios negocios con él, dejando que mi marido ganara fortunas sólo para congraciarse con la familia y estar cerca de mí.

PÁNFILO

Para ver a Giovanna organizaba banquetes fastuosos, cacerías, fiestas orientales, y cubría de regalos a su esposo, a su hijito recién nacido y a ella misma. En una fiesta por su cumpleaños traje un circo de Nápoles y músicos de Provenza y de Flandes para celebrarla como se merecía.

CONDESA DE LA SANTA CROCE

Nunca di a Federico la más mínima indicación de que le haría caso. Por el contrario, en todas las ocasiones, que fueron muchas, le hice saber que yo era una dama honrada, que jamás engañaría a mi marido, y que todos sus intentos para seducirme eran inútiles.

PÁNFILO

Mi pasión no correspondida duró años. Pese a todos los rechazos que sufrí, nunca cesó. Pero, en todo el tiempo que dediqué a amar a esa mujer inalcanzable y a tratar de impresionarla con derroches sin cuento, mi fortuna se desintegró. Perdí todas mis posesiones. Debí abandonar Florencia y refugiarme en la última vivienda que me quedaba: una rústica cabaña en Campi Bisenzio, en los alrededores de la ciudad. Allí, me vi obligado a llevar una existencia frugal, con la compañía de mi halcón.

CONDESA DE LA SANTA CROCE

Curioso cómo opera la caprichosa Fortuna o, tal vez, los ineluctables designios de Dios. Mi marido, mucho mayor que yo, enfermó y, luego de penosa agonía, falleció. Debí retirarme al campo con mi hijo, a vivir de la renta que me legó mi esposo. ¿Y dónde quiso el destino que me retirara?

PÁNFILO
A Campi Bisenzio.

CONDESA DE LA SANTA CROCE
Por supuesto.

PÁNFILO
Sufrí un pequeño desvanecimiento el día que vi llegar, a una vivienda a poca distancia de la mía, a dama Giovanna, viuda reciente, con su pequeño hijo. Bastó saber que la tenía tan cerca para que mi viejo amor se reavivara con la fuerza de antaño. Pero, ahora, yo era un hombre sin recursos, de vida muy austera. Desistí de tratar de conquistarla. Me resigné a amarla en silencio, sin esperanza. En cambio, hice muy buenas migas con su hijo. El niño venía a jugar conmigo, yo le enseñaba el nombre de las plantas y de los pájaros. Y él vivía prendado de mi halcón, que se posaba en su hombro para que le acariciara la cabeza.

CONDESA DE LA SANTA CROCE
Es verdad. En Campi Bisenzio, Federico de Alberighi no intentó reanudar sus empeños de antaño. Era

un hombre empobrecido y se avergonzaba de no poder halagarme como en el pasado. Mi hijo llegó a tomarle mucho cariño, a reemplazar en ese vecino respetuoso al padre perdido.

PÁNFILO

Una de las más extraordinarias sorpresas de mi vida ocurrió aquella mañana en que, de pronto, tocaron a la puerta de mi cabaña. Salí a abrir y, alabado sea Dios, ¿quién estaba en el umbral? *(Viviendo aquella escena.)* ¡Dama Giovanna! No puedo creer lo que ven mis ojos. ¡Usted por aquí, en mi casa! Bienvenida, bienvenida. ¿A qué debo tanto honor?

CONDESA DE LA SANTA CROCE

Espero que me perdone por presentarme así, de improviso. ¿No le importa, verdad, Federico?

PÁNFILO

Me hace inmensamente dichoso. Es la sorpresa más grata que he tenido en toda mi existencia. Pase, pase, Giovanna, por favor. Tome asiento. Está usted en su casa. Perdone la modestia del lugar.

CONDESA DE LA SANTA CROCE

Es sencillo y decente, Federico. Me siento muy bien aquí.

PÁNFILO

¿Puedo saber a qué debo la suerte de tenerla bajo este techo?

CONDESA DE LA SANTA CROCE

(Sonriéndole con coquetería.) Pues, aunque no se lo crea, he venido a almorzar con usted. Me he hecho yo misma esta invitación. Si usted me lo permite, quiero decir.

PÁNFILO

Qué alegría, Giovanna. Usted, almorzando aquí en mi casa, conmigo. Esto es para mí como entrar en el cielo, alcanzar la gloria eterna. *(Cambiando de voz, de expresión, y dirigiéndose lleno de amargura a sus otros compañeros.)* Pero esta felicidad era a la vez una tragedia. ¿Qué almuerzo podía ofrecer yo a la dama de mis sueños? Si no tenía provisiones. Mis comidas eran tan magras como las de un cartujo. Fui a la cocina y mi única sirvienta y cocinera me confirmó el drama. No teníamos nada con que preparar una comida decente. A menos, claro, que sacrificara a mi amigo querido: mi halcón. Lo hice, por supuesto. Con el dolor de mi alma, le torcí el pescuezo a mi gallardo compañero. Lo desplumamos, lo echamos en el asador, y, reuniendo lo que se podía reunir, preparamos una comida más o menos decorosa con que atender a la dueña de mi corazón.

CONDESA DE LA SANTA CROCE

Qué delicioso manjar, Federico. ¿Era una perdiz, no es cierto? ¿O un faisán? He disfrutado comiéndola.

PÁNFILO

Todavía no puedo creer que haya venido usted, por iniciativa propia, a almorzar conmigo, Giovanna. Me siento el hombre más afortunado del universo.

CONDESA DE LA SANTA CROCE

Voy a ser sincera con usted, Federico. En verdad, esta visita no es gratuita, sino interesada. Como lo oye. Se trata de mi hijo. No sé si usted sabe que, desde hace algunos días, está muy delicado de salud.

PÁNFILO

Algo había oído. ¿Lo ha visto el médico? No será nada grave, espero.

CONDESA DE LA SANTA CROCE

No se sabe, los físicos no descubren su mal. Mi hijo le tiene mucho cariño, Federico. Usted ha reemplazado al padre que perdió.

PÁNFILO

Y yo también a él, Giovanna. Cualquier cosa que pueda hacer por el niño, lo haré, claro que sí.

A eso he venido, justamente. A mi hijo se le ha metido en la cabeza que si usted le regala algo que usted tiene y que él quiere muchísimo, se curará. ¿Sería tan generoso, tan magnífico, de regalarle a mi hijito su halcón?

Federico, demudado, cae de rodillas y se echa a llorar, a mesarse los cabellos, a besar las manos de dama Giovanna, pidiéndole perdón y lamentando su suerte.

PÁNFILO

¡Oh la odiosa, malhadada Fortuna! Qué malas pasadas nos juega. ¡Qué desgracia, Giovanna! Nada me hubiera gustado tanto como regalarle mi halcón a su hijo. Lo hubiera hecho de mil primores, sobre todo sabiendo que el pequeño cree que de ese modo se curaría. Pero ya es tarde, Giovanna. Nuestro almuerzo no era una perdiz ni un faisán: era mi halcón. Lo sacrifiqué porque no tenía con qué ofrecerle una comida decente. Que usted y su hijo me perdonen, Giovanna.

Sorprendida, conmovida, dama Giovanna se echa también a llorar y ambos se abrazan y se consuelan mutuamente. Sus cariños, de pronto, adoptan otro cariz.

(Desprendiéndose suavemente de las caricias de Pánfilo y entrecruzando los dedos de la mano con la suya a la vez que se dirige al grupo de oyentes.) Mi hijito murió, tal vez por no haber podido realizar su sueño de tener el halcón que tanto quería. Federico hizo lo imposible por ayudarme a sobrellevar esta nueva tragedia. Pasado un tiempo, nos casamos. Vivíamos sencillamente en el campo cuando un día, debido a la muerte de uno de mis hermanos, heredé una fortuna. Pero decidimos no regresar a Florencia, sino seguir en Campi Bisenzio. Nuestra casa ha estado siempre llena de pájaros. Y de muchos halcones, en memoria de mi querido hijo que, desde el cielo, estará contemplando a su madre dichosa y tranquila.

Los otros aplauden.

XVIII
EL MIEDO Y EL AMOR

*El duque Ugolino se acerca a Aminta, la condesa
de la Santa Croce, y ambos hacen un aparte.*

EL DUQUE UGOLINO
(Cogiendo la mano de su esposa.) Reconocerás que
aquélla fue, para ti, una época de sosiego, sin los tormentos ni la angustia de antaño. Y, para mí, la más feliz. Corta, es verdad, pero la más intensa que he tenido.

CONDESA DE LA SANTA CROCE
(Despectiva.) No serías tan ciego de creer que me
enamoré de ti, después del espectáculo de los mastines destrozando a esa pobre muchacha.

EL DUQUE UGOLINO
Si no lo estabas, lo parecías, Aminta.

CONDESA DE LA SANTA CROCE
El miedo no es el amor. Desde que me llevaste a
ver aquella escena horrible, los suplicios de la pobre
Giulia, no me quedó más remedio que resignarme a ti.

Venciendo mi asco y disimulando mi odio. Fingiendo día y noche.

EL DUQUE UGOLINO

(*Melancólico.*) Pues disimulabas como una consumada actriz. Hacíamos largos paseos tomados de la mano, yo te decía cosas tiernas y, por primera vez, te oí reír. Tu voz sonaba distinta sin que la estropearan la ira ni el rencor. Me contabas cosas de tu infancia, tus juegos con tus amigas, las clases de catecismo donde las monjas. Y, en las noches, nunca me cerraste la puerta de tu alcoba.

CONDESA DE LA SANTA CROCE

Hacía de tripas corazón. Entrabas a mi lecho y tenía que aguantar las náuseas. Mientras me hacías el amor te maldecía con un asco inconmensurable. Cuando partías, cambiaba las sábanas y pasaba una hora refregándome el cuerpo con agua y perfumes porque sentía que mi piel se había impregnado de mugre.

EL DUQUE UGOLINO

(*Como si no la oyera.*) Por primera y última vez en tu vida, me pediste algo.

CONDESA DE LA SANTA CROCE

No recuerdo haberte pedido nunca nada. *(Duda.)* ¿Qué te pedí?

EL DUQUE UGOLINO

Que te llevara a Avignon, a ver al Papa. Querías confesarte con él. Yo moví cielo y tierra para darte gusto. La Señoría hizo la gestión. Habíamos empezado a preparar el viaje. ¿Lo has olvidado?

CONDESA DE LA SANTA CROCE

No quería recordarlo. La verdadera razón por la que quise ir a Avignon nunca la supiste. Contarle la verdad al Santo Padre. Decirle que si aparentaba ser una esposa complaciente era por miedo al infierno, porque me horrorizaba que en la otra vida me ocurriera lo que a la desdichada Giulia. ¿No te dabas cuenta, Ugolino? No era amor, era miedo. Miedo cerval de vivir en la otra vida uno de esos tormentos atroces que describe el maestro Dante en la *Comedia*. Quería preguntarle al Santo Padre si era justo que pasara el resto de mi vida ocultando mis sentimientos, fingiendo amor a alguien que me parecía feo y odioso.

EL DUQUE UGOLINO

(Como si no se enterara de lo que ella dice.) Estaba todo listo. Te había hecho acondicionar un coche para que no sintieras las fatigas del viaje; llevábamos

provisiones para todos tus antojos durante el recorrido. Una escolta con mis mejores arqueros y jinetes. Confesores, mucamas, cocineros. Ibas a viajar como una reina. Todos los albergues estaban advertidos de que debían preparar las alcobas como si fuera a pernoctar en ellas la Santísima Virgen.

A ambos los distraen los demás personajes del grupo, que se han puesto a cantar y a danzar, celebrando algo, a los compases de una alegre música.

EL DUQUE UGOLINO
¿Pero, qué ocurre allí?

El duque Ugolino y la condesa de la Santa Croce se acercan a ellos, intrigados.

XIX
SE LEVANTA EL CERCO

EL DUQUE UGOLINO

¿Qué es este bullicio, esta música? ¿Qué celebramos, amigos?

BOCCACCIO

(*Jubiloso.*) Esta mañana, Pánfilo salió como siempre a dar su paseo matutino y se llevó la sorpresa de su vida.

PÁNFILO

(*Haciendo un pase de magia.*) Los pistoianos, los pratenses, los milaneses, los sieneses, todos los que tenían rodeada Florencia para que nos pudriéramos con la pestilencia, se fueron. Desaparecieron, sí. Sí, sí, su señoría, como lo oís: se han retirado.

BOCCACCIO

Ya no hay más cerco, lo levantaron. Se largaron. Estamos libres.

PÁNFILO

¿Qué puede significar eso sino que ha terminado la peste?

FILOMENA

¡Nos hemos salvado, señor duque! Qué esperáis, venid a cantar y bailar con nosotros.

PÁNFILO

Dadme la mano, uníos a la ronda de la alegría.

El duque Ugolino, a regañadientes, se suma a la celebración y canta y baila también, mientras la condesa de la Santa Croce se mantiene a cierta distancia del grupo, observándolo con esa expresión indefinible en la que se mezclan el escepticismo y la burla. Un momento después, el duque Ugolino se queda quieto. La forzada expresión de contento que tenía se va evaporando de su cara.

EL DUQUE UGOLINO

Que se levantara el cerco también podría significar que no haya ya florentinos que quieran o puedan escapar. Que la peste se llevó a toda la ciudad al otro mundo y que Florencia es ahora un cementerio.

BOCCACCIO

Sois como Santo Tomás, Ugolino: ver para creer. Pánfilo ya lo hizo: se acercó a la ciudad y que os cuente lo que vio.

PÁNFILO

(Loco de felicidad, oyendo el lejano tañido de campanas.) La vida renace por doquier, señor duque. La gente limpia las calles, entierra a sus muertos, baldea los patios, desinfecta las paredes, en todas las iglesias hay misas y en todos los barrios se organizan procesiones de acción de gracias. La ciudad revive y olvida ya la tragedia.

FILOMENA

¿No sentís el repique de campanas que ensordece la mañana, duque Ugolino? Enterramos la peste y nosotros estamos vivos.

BOCCACCIO

(Reflexivo.) Era un acto de pura desesperación, un manotón de ahogado y, sin embargo, funcionó.

Como todos sus compañeros lo miran intrigados, les hace la aclaración.

BOCCACCIO

Mi receta de los cuentos y las mentiras. Ocurrió como lo dije, aunque ni vosotros ni yo mismo lo creíamos. Engañamos a la peste, contando cuentos nos libramos de la muerte.

EL DUQUE UGOLINO

Pues, si es así, se terminó la vida de mentiras en que hemos estado viviendo. Tenemos que volver a la verdad. ¿Estáis seguros de que debemos celebrarlo?

Todos quedan un poco desconcertados. Dejan de cantar y de bailar y se miran unos a otros, confundidos ante la pregunta del duque Ugolino.

BOCCACCIO

Se diría que lo lamentáis, Ugolino. ¿Preferiríais estar muerto, entonces?

EL DUQUE UGOLINO

(Mirando con ternura a Aminta, la condesa de la Santa Croce, a la que, obviamente, él es el único que ve.) Muerto no. Pero, por lo menos para mí, la vida que hemos llevado aquí estos días, en Villa Palmieri, tenía algún encanto.

PÁNFILO

Hay algo de verdad en las palabras del duque. A mí también me gustaba esta vida de cuentos, tan distinta de la que lleva, en el mundo real, un cómico ambulante. *(Mira a Filomena con cariño y la coge de la mano.)* Tendremos que volver a las calles de Florencia, Filomena, a esa dura tarea: tratar de hacer reír a los florentinos. ¿No vas a recordar con nostalgia estos días en que la realidad se volvió fantasía y la fantasía realidad para nosotros?

FILOMENA

No quiero volver a Florencia. Estará llena de cadáveres, de llantos, de fantasmas; el olor a la pestilencia seguirá flotando por todos los rincones. Vámonos muy lejos de aquí y de todos estos horrores. A Francia o a Flandes, Pánfilo.

PÁNFILO

Vámonos donde tú quieras, donde tú digas, amor mío, compañera de mi imaginación, reina de mis sueños. Adiós, amigos.

Los dos cómicos ambulantes se alejan, tomados de la mano, haciendo adiós a sus compañeros.

EL DUQUE UGOLINO

(Se dirige a Boccaccio.) ¿Qué vais a hacer ahora, maestro?

BOCCACCIO

Escribir, Ugolino. Iré a mi pueblo, a Certaldo. Allí arriba trabajo y fantaseo mejor. Me arden las manos de impaciencia. Ya os lo dije: escribiré los cuentos que hemos contado y representado aquí. Cuentos de mercado y taberna, de humor grueso, al alcance de cualquiera. Las historias que nos defendieron contra la muerte, a las que debemos estar en pie. Seréis el primero en leerlas. Encargaré una copia especial dedicada al duque Ugolino. *(Pausa.)* ¿Y vos? ¿Qué vais a hacer ahora?

EL DUQUE UGOLINO

(Encogiéndose de hombros.) Pssst..., lo de siempre. Cacerías, misas, recogida de los tributos, comilonas, algún viaje. Los quehaceres y los aburrimientos de costumbre.

BOCCACCIO

Nunca entendí por qué no os casasteis, Ugolino. Nadie en Florencia lo ha entendido, creo. Siendo lo rico y poderoso que sois. Bueno, podéis hacerlo todavía, claro está. Para que alguien cuide de vos estos últimos años. Los criados no son siempre de fiar.

EL DUQUE UGOLINO

(Hablando a Boccaccio pero mirando fijamente a la condesa de la Santa Croce.) ¿Sabéis por qué no me casé? Porque nunca encontré en la realidad a la mujer de mis sueños. Y ya es tarde para encontrarla.

BOCCACCIO

Tal vez sea ésa la razón por la que yo sigo soltero también.

EL DUQUE UGOLINO

(Abrazándolo.) Suerte, gloria y larga vida, caro Giovanni.

Giovanni Boccaccio se aleja y antes de desaparecer hace adiós con la mano al duque Ugolino, que se despide de él de la misma manera. El duque se acerca a la condesa de la Santa Croce.

XX
¿DESPEDIDA?

CONDESA DE LA SANTA CROCE

¿Nos vamos a despedir nosotros también, Ugolino?

EL DUQUE UGOLINO

(Sombrío.) Si no te importa, hablemos un poco más, Aminta.

CONDESA DE LA SANTA CROCE

No sé de qué más podríamos hablar.

EL DUQUE UGOLINO

De ese día. Del más triste de los días.

CONDESA DE LA SANTA CROCE

Ya sé que te gusta sufrir. Es uno de tus secretos, ¿verdad? Gozar sufriendo. Sea, pues. Hablemos.

EL DUQUE UGOLINO

Todo lo que se refiere a ti me hace gozar y sufrir a la vez. Pero nada tanto como ese día. El último día.

¿Sabes por qué? Porque nunca antes, ni siquiera el día de tu primera comunión, te vi tan bella como esa mañana. Cuando entré a tu habitación a despertarte y te encontré lista para el viaje a Avignon. Parecías una visión, un personaje sobrenatural.

Comienza a revivir aquella supuesta mañana.

EL DUQUE UGOLINO
Buenos días, Aminta. Ah, ya estás vestida. Partiremos antes de lo previsto, entonces. Hombres, carros, equipaje y caballos están preparados. ¿Sabes que estás muy linda esta mañana? Más que todos los días y más que todas las noches desde que te inventé. ¿Se debe a la ilusión del viaje? ¿A que te va a recibir el Papa, allá en Avignon?

CONDESA DE LA SANTA CROCE
(Plegándose a su sueño, a media voz.) No sé si me darán las fuerzas para llegar a Avignon.

EL DUQUE UGOLINO
(Inquieto.) ¿Por qué dices eso? ¿No te sientes bien? ¿Dormiste mal anoche?

CONDESA DE LA SANTA CROCE

Debe ser eso. Partamos de una vez. El aire del camino me hará sentirme mejor.

Pero, al intentar ponerse de pie, la condesa de la Santa Croce tiene un vahído. Se lleva la mano a la cabeza, trastabilla, se desploma. El duque corre a levantarla y, ansioso, la deposita de nuevo en el lecho, le hace aire.

EL DUQUE UGOLINO

¿Qué pasa, Aminta? ¿Qué sientes? Pero si estás ardiendo. ¡Socorro! ¡Ayuda! Llamad a los físicos, rápido, cuanto antes. ¡Aminta, Aminta! ¿Qué te ocurre? ¿Qué te pasa? *(De pronto, presa de una súbita sospecha, comienza a auscultar las axilas de Aminta y se le descompone la expresión.)* No, no puede ser. ¡Dios mío, Dios mío, no me hagas esto! ¡No a ella, Señor, no a Aminta! ¡Te ruego, te lo suplico! *(Cae de rodillas, trata de rezar elevando sus manos al cielo, no le sale la voz, solloza.)*

CONDESA DE LA SANTA CROCE

(Débilmente, pasándole la mano por los cabellos.) Es en vano, Ugolino. Ya está aquí, por todo mi cuerpo. También en las ingles y en las piernas. No tengo dolores muy fuertes, todavía. Quiero pedirte algo. ¿Me darás gusto, verdad?

EL DUQUE UGOLINO

Siempre te he dado gusto en todo, amor mío. Claro que sí, lo que me pidas.

CONDESA DE LA SANTA CROCE

No quiero que se me deforme la cara con los vómitos, con la fiebre, con la desesperación. No quiero pasar por esa indignidad. ¿Me ayudarás, verdad?

EL DUQUE UGOLINO

(Implorando, besándole las manos.) Han ido ya a llamar a los mejores médicos de Florencia. Te curarán, te juro que te curarán.

CONDESA DE LA SANTA CROCE

No hagas que me vaya de esta vida odiándote, Ugolino. Ya te he perdonado, ya me olvidé de Barbanto, de aquella maldita segunda noche de bodas. Es verdad que nunca te he amado, pero ya no te odio. Ahora, hasta te tengo algo de compasión. Júrame que harás lo que te pido. No dejes que muera como los apestados. Si es verdad que me has querido tanto, hazme ese último favor, Ugolino. Dios te perdonará, pues yo te lo he pedido.

Aminta, presa de una gran agitación, comienza a retorcerse y a aullar de dolor. Ugolino la contempla, indeciso. Por fin, se lanza sobre ella, como si fuera a abrazarla, a acariciarla. Pero, luego de unos segundos en los que parece haber un forcejeo entre ambos, la condesa de la Santa Croce queda rígida. El duque Ugolino se aparta, se arrodilla a su lado, una mano de ella entre las suyas. No llora, no dice nada, contempla largamente el rostro pálido e inmóvil de Aminta. La luz se va apagando mientras suena, de nuevo, la música de pífanos, tamborines y mandolinas con que comenzó la historia. La condesa se incorpora, mira al duque con su sonrisa indefinible, entre burlona y compasiva, y se va alejando, disolviendo. El duque la ve alejarse, ahora sereno y sonriente.

EL DUQUE UGOLINO
(Murmura, mientras parte también.) Recuerda que puedo resucitarte cuantas veces haga falta, Aminta, amor mío.

TELÓN

Reconocimiento

Terminé *Los cuentos de la peste* en el Centro Studi Jorge Eielson di Firenze y agradezco la invalorable ayuda que me prestaron las tres gracias de esa institución: Martha L. Canfield, Antonella Ciabatti y Laura del Conte. Y, asimismo, a la Biblioteca de la Facultad de Filosofía y Letras de la Universidad de Florencia, por su hospitalidad.

Florencia, 24 de febrero de 2014

Los cuentos de la peste se estrenó el 28 de enero de 2015, en el Teatro Español de Madrid.

Dirección
Joan Ollé

Reparto por orden de intervención

EL DUQUE UGOLINO
Mario Vargas Llosa

AMINTA, CONDESA DE LA SANTA CROCE
Aitana Sánchez-Gijón

GIOVANNI BOCCACCIO
Pedro Casablanc

FILOMENA
Marta Poveda

PÁNFILO
Óscar de la Fuente

Escenografía
Sebastià Brosa

Diseño de luces
José Manuel Guerra

Diseño de espacio sonoro
Damien Bazin

Diseño de vestuario
Miriam Compte

Colaboradora de vestuario
Ana López-Cobos

Coreografía
Regina Ferrando

Arreglos musicales
Quim Ollé

Ayudante de dirección
Ester Nadal

Ayudante de escenografía
Nicolás Bueno

Ayudante de vestuario
Laura García

Diseño imagen y fotografías
Javier Naval

Los cuentos de la peste, de Mario Vargas Llosa
se terminó de imprimir en febrero de 2015
en los talleres de Litográfica Ingramex, S.A. de C.V.
Centeno 162-1, Col. Granjas Esmeralda,
C.P. 09810, México, D.F.